Sven Braun

Latente Steuern:
Nach dem BilMoG im Jahresabschluss
von Personengesellschaften

Diplomica® Verlag GmbH

Braun, Sven: Latente Steuern: Nach dem BilMoG im Jahresabschluss von Personengesellschaften, Hamburg, Diplomica Verlag GmbH 2010

ISBN: 978-3-8366-8906-9
Druck: Diplomica® Verlag GmbH, Hamburg, 2010

Bibliografische Information der Deutschen Nationalbibliothek:
Die Deutsche Nationalbibliothek verzeichnet diese Publikation in der Deutschen Nationalbibliografie; detaillierte bibliografische Daten sind im Internet über http://dnb.d-nb.de abrufbar.

Die digitale Ausgabe (eBook-Ausgabe) dieses Titels trägt die ISBN 978-3-8366-3906-4 und kann über den Handel oder den Verlag bezogen werden.

INHALTSVERZEICHNIS

ABKÜRZUNGSVERZEICHNIS

Abkürzung	Bedeutung
a.F.	alte Fassung
Abs.	Absatz (in Gesetzeszitaten)
AfA	Abschreibung für Abnutzung
AO	Abgabenordnung
Art.	Artikel
BB	Betriebsberater (Zeitschrift)
betriebl.	Betrieblich
BGB	Bürgerliches Gesetzbuch
BGBl.	Bundesgesetzblatt
BilMoG	Gesetz zur Modernisierung des Bilanzrechts (Bilanzrechtsmodernisierungsgesetz)
BMG	Bemessungsgrundlage
d.h.	das heißt
DB	Der Betrieb (Zeitschrift)
Dipl.	Diplom
DPR	Deutsche Prüfstelle für Rechnungslegung
Dr.	Doktor (lat.: docere „lehren" oder doctus „gelehrt")
Dr. rer. pol.	lat. rerum politicarum: Doktor der Wirtschafts- und Sozialwissenschaften
DRS	Deutscher Rechnungslegungsstandard
DSR	Deutscher Standardisierungsrat
DStR	Deutsches Steuerrecht (Zeitschrift)
DStZ	Deutsche Steuerzeitung (Zeitschrift)
e.V.	Eingetragener Verein
EBIT	earnings before interest and taxes (eng.: Ergebnis vor Zinsen und Steuern)
EBT	earnings before taxes (eng: Ergebnis vor Steuern)

EK	Eigenkapital
eng.	englisch
EPK	Ereignisgesteuerte Prozesskette[1]
ERS	Entwurf einer IDW Stellungnahme zur Rechnungslegung
ESt	Einkommensteuer
EStG	Einkommensteuergesetz
EStR	Einkommensteuerrichtlinien
FH	Fachhochschule
Fifo	First in, first out (Verbrauchsfolgeverfahren: zuerst gekauftes wird zuerst verbraucht)
FK	Fremdkapital
GewSt	Gewerbesteuer
GewStG	Gewerbesteuergesetz
GewStR	Gewerbesteuerrichtlinien
GK	Gesamtkapital (= Eigenkapital und Fremdkapital)
GmbH	Gesellschaft mit beschränkter Haftung
GmbH & Co. KG	Kommanditgesellschaft an der eine Gesellschaft mit beschränkter Haftung als Vollhafter beteiligt ist
GoB	Grundsätze ordnungsgemäßer Buchführung
GuV	Gewinn- und Verlustrechnung
h.M.	herrschende Meinung
HaBi	Handelsbilanz
HB II	Handelsbilanz II[2]
HFA	Hauptfachausschuss des IDW
HGB	Handelsgesetzbuch
i.d.R.	in der Regel

---

[1] Vgl. Anhang 8 Erläuterung der EPK-Darstellungen, S. 72.

[2] Die Handelsbilanz II (HB II) ist ein zusätzlicher Einzelabschluss, den Konzernunternehmen neben dem eigentlichen Jahresabschluss zur Vorbereitung der Vollkonsolidierung innerhalb des Konzernabschlusses aufstellen. Hintergrund ist die Vorschrift § 300 Abs. 1 S. 1 HGB, wonach in dem Konzernabschluss der Jahresabschluss des Mutterunternehmens mit den Jahresabschlüssen der Tochterunternehmen zusammenzufassen ist.

IAS	International Accounting Standards (eng.: internationale Buchführungsstandards)
IDW	Institut der Wirtschaftsprüfer in Deutschland e.V., Düsseldorf
IFRS	International Financial Reporting Standards (eng.: internationale Rechnungslegungsstandards)
inkl.	Inklusive
Kfm.	Kaufmann
KG	Kommanditgesellschaft
KoR	Zeitschrift für internationale und kapitalmarktorientierte Rechnungslegung
KSt	Körperschaftsteuer
KStG	Körperschaftsteuergesetz
KStR	Körperschaftsteuerrichtlinien
lat.	lateinisch
Lifo	Last in, first out (Verbrauchsfolgeverfahren: was zuletzt gekauft wird, wird zuerst verbraucht)
LS	Latente Steuern
MSc	Master of Science
n.F.	neue Fassung
Nr.	Nummer
Nwb	Neue Wirtschaftsbriefe (Zeitschrift)
OFD	Oberfinanzdirektion
OHG	Offene Handelsgesellschaft
Prof.	Professor
R	Richtlinie (in Gesetzeszitaten)
RefE	Referentenentwurf des BilMoG vom 08.11.2007
RegE	Regierungsentwurf des BilMoG vom 21.05.2008
RSt	Rückstellungen
Rz.	Randziffer
S.	Satz (in Gesetzeszitaten)
S.	Seite

sog.	so genanntes
SolZ	Solidaritätszuschlag
soz.	sozial
StB	Steuerberater
SteuBi	Steuerbilanz
StuB	Steuern und Bilanzen (Zeitschrift)
USt	Umsatzsteuer
UStG	Umsatzsteuergesetz
UV	Umlaufvermögen
Volksw.	Volkswirt
WP	Wirtschaftsprüfer
WPg	Wirtschaftsprüfung (Zeitschrift)
z.B.	zum Beispiel

ABBILDUNGSVERZEICHNIS

TABELLENVERZEICHNIS

BEISPIELVERZEICHNIS

A. EINLEITUNG

Die Bilanzierung latenter Steuern nach handelsrechtlichen Vorschriften ist durch das Gesetz zur Modernisierung des Bilanzrechts (Bilanzrechtsmodernisierungsgesetz; kurz: BilMoG) neu geregelt worden.[3]

In Deutschland war, bedingt durch die Verbindung von Handels- und Steuerbilanz über das Maßgeblichkeitsprinzip (Stichwort: „Einheitsbilanz"), die Bedeutung der Abgrenzung latenter Steuern bisher eher gering.[4] Die korrekte Angabe der Steuern im Jahresabschluss ist aufgrund der materiellen Bedeutung für die Darstellung der Vermögens-, Finanz- und Ertragslage sowie die Abschätzung zukünftiger Cash Flows eines Unternehmens von erheblicher Bedeutung.[5] Die Problematik von latenten Steuern wird u.a. durch die Abschaffung der **umgekehrte Maßgeblichkeit** nach § 5 Abs. 1 S. 2 EStG verschärft.[6] Dadurch wird es in der Praxis vermehrt zu Abweichungen zwischen Handels- und Steuerbilanz kommen. Und gerade diese Abweichungen sind die **Entstehungsursachen** für latente Steuern, so dass diese Bilanzposten auch in Personengesellschaften in Zukunft an Bedeutung gewinnen.

Darüber hinaus wartet das BilMoG mit einer neuen Konzeption bei der Ermittlung der latenten Steuern auf. Das bisherige timing-Konzept[7] wird vom dem im IAS 12 gebräuchlichen **temporary-Konzept**[8] abgelöst. Unter dem Gedanken der Deregulierung wird ein **Aktivierungs- und Saldierungswahlrecht** für latente Steuern eingeführt.[9] Dieses wird verbunden mit einer

---

[3] Vgl. IDW ERS HFA 27 in IDW Fachnachrichten Nr. 7/2009 S. 338, Rz. 1.

[4] Vgl. Meyer/Loitz/Quella/Zerwas in Latente Steuern, S. 28, Rz. 2.

[5] Zur Wirkungsweise von Latenten Steuern vgl. Beispiel 1: Wirkungsweise von latenten Steuern auf Seite 15.

[6] Vgl. 3.1 Wegfall der umgekehrten Maßgeblichkeit auf Seite 39.

[7] Vgl. 2.1 Das bisherige timing-Konzept auf Seite 17.

[8] Vgl. 2.2 Vorstellung des neuen temporary-Konzeptes auf Seite 18.

[9] Vgl. 2.3 Aktivierungs- und Saldierungswahlrecht auf Seite 27.

Ausschüttungssperre[10] und zusätzlichen **Anhangsangaben**[11]. **Verlust-vorträge**[12] werden erstmals mit in die Berechnung der latenten Steuern einbezogen.

Das Ziel dieser Arbeit ist die Betrachtung der latenten Steuern nach dem BilMoG im Einzelabschluss einer Personengesellschaft. Ein Schwerpunkt wird die Vorstellung des neuen **temporary-Konzepts** für die Ermittlung der latenten Steuern sein, inklusive eines Vergleichs zum bisher in Deutschland verwendeten timing-Konzept.[13] Des Weiteren soll diese Arbeit die Frage beantworten, ob und inwieweit latente Steuern bei Personengesellschaften zu berücksichtigen sind. Themenschwerpunkt wird anschließend die Anwendung in den **Ergänzungs- und Sonderbilanzen** einer Personengesellschaft[14] sein.

Zur **Abgrenzung** wird nur auf den Einzelabschluss von Personenhandelsgesellschaften eingegangen. Es werden keine Konzernabschlüsse behandelt. Somit spielen auch HB II-Anpassungen keine Rolle. Auch auf die steuerliche Organschaft wird in dieser Arbeit nicht eingegangen, da eine Personengesellschaft ohnehin nur als Organträger zugelassen ist.

---

[10] Vgl. 3.2 Ausschüttungssperre auf Seite 40.

[11] Vgl. 3.3 Angaben im Anhang auf Seite 40.

[12] Vgl. 2.2 Verlustvorträge auf Seite 34.

[13] Vgl. 2.3 Vergleich des timing- mit dem temporary-Konzeptes auf Seite 19.

[14] Vgl. Besonderheiten bei Personenhandelsgesellschaften auf Seite 42.

B. KONZEPTE DER ABGRENZUNG VON LATENTEN STEUERN

1. ENTSTEHUNG VON LATENTEN STEUERN

Latente Steuern entstehen aus Bewertungsunterschieden zwischen der Handels- und der Steuerbilanz. Es können vier Fallvarianten auftreten:

Aktiva:	1. Mehrvermögen	2. Mindervermögen
Passiva:	3. Mehrschulden	4. Minderschulden

TABELLE 1: FALLVARIANTEN FÜR DIE ENTSTEHUNG LATENTER STEUERN

1. Ist ein Bilanzposten auf der **Aktivseite** der Handelsbilanz höher bewertet als der entsprechende Posten in der Steuerbilanz, liegt **Mehrvermögen** vor. Das Eigenkapital ist in der Handelsbilanz aus diesem Posten höher als in der Steuerbilanz (Mehreigenkapital). Infolgedessen sind die Steuern aus dem Einkommen und Ertrag in der Handelsbilanz zu niedrig ausgewiesen, weil das Mehrkapital in der Vergangenheit noch nicht der Besteuerung unterlag. Der Steuerausweis in der Handelsbilanz wird durch eine passive latente Steuer erhöht.

2. Ist ein Bilanzposten auf der **Aktivseite** der Handelsbilanz niedriger bewertet als der entsprechende Posten in der Steuerbilanz, liegt **Mindervermögen** vor. Das Eigenkapital ist in der Handelsbilanz aus diesem Posten niedriger als in der Steuerbilanz (Mindereigenkapital). Infolgedessen sind die Steuern aus dem Einkommen und Ertrag in der Handelsbilanz zu hoch ausgewiesen, weil das Minderkapital in der Vergangenheit noch nicht zu einer steuerlichen Entlastung (Ersparnis) geführt hat. Der Steuerausweis in der Handelsbilanz wird durch eine aktive latente Steuer geschmälert.

3. Ist ein Bilanzposten auf der **Passivseite** der Handelsbilanz höher bewertet als der entsprechende Posten in der Steuerbilanz, liegen **Mehrschulden** vor. Das Eigenkapital ist in der Handelsbilanz aus diesem Posten niedriger als in der Steuerbilanz (Mindereigenkapital). Infolgedessen sind die Steuern aus dem Einkommen und Ertrag in der Handelsbilanz zu hoch ausgewiesen. Der Steuerausweis in der Handelsbilanz wird durch eine aktive latente Steuer geschmälert.

4. Ist ein Bilanzposten auf der **Passivseite** der Handelsbilanz niedriger bewertet als der entsprechende Posten in der Steuerbilanz, liegen **Minderschulden** vor. Das Eigenkapital ist in der Handelsbilanz aus diesem Posten höher als in der Steuerbilanz (Mehreigenkapital). Infolgedessen sind die Steuern aus dem Einkommen und Ertrag in der Handelsbilanz zu niedrig ausgewiesen. Der Steuerausweis in der Handelsbilanz wird durch eine passive latente Steuer erhöht.[15]

Der Zusammenhang wird in folgender Tabelle übersichtlich zusammengefasst:

	Posten	Verhältnis	Handelsbilanzauswirkungen		latente Steuern
1.	Aktiva	HaBi > SteuBi	Mehr-vermögen	Mehr-eigenkapital	passive
2.	Aktiva	HaBi < SteuBi	Minder-vermögen	Minder-eigenkapital	aktive
3.	Passiva[16]	HaBi > SteuBi	Mehr-schulden	Minder-eigenkapital	aktive
4.	Passiva	HaBi < SteuBi	Minder-schulden	Mehr-eigenkapital	passive

TABELLE 2: ZUSAMMENHANG ZWISCHEN DEN DIFFERENZEN IN HANDELS- UND STEUERBILANZ UND LATENTE STEUERN

---

[15] Vgl. Theile in Bilanzrechtsmodernisierungsgesetz; nwb 2009, S. 153.

[16] Posten der Passiva mit Ausnahme des Eigenkapitals (= Verbindlichkeiten, Rückstellungen, Rechnungsabgrenzungsposten).

Ein weiterer Entstehungsgrund für aktive latente Steuern sind steuerliche Verlustvorträge. Diese werden im Kapitel 2.2 Verlustvorträge auf Seite 34 behandelt.

BEISPIEL 1: WIRKUNGSWEISE VON LATENTEN STEUERN

Die MAFT GmbH & Co. KG bildet im Wirtschaftsjahr 2008 eine Drohverlustrückstellung i.H.v. 100 T€. Der Verlust tritt im Jahr 2009 ein. Der Ertragsteuersatz beträgt 15 %. Die earings before taxes (EBT) betragen vor Drohverlustrückstellung 300 € in 2008 und 2009 sowohl in der Handels- als auch in der Steuerbilanz.

Lösung:

Die Drohverlustrückstellung ist nach § 249 Abs. 1 S. 1 HGB in der Handelsbilanz zwingend zu passivieren. In der Steuerbilanz herrscht dagegen nach § 5 Abs. 4a EStG ein striktes Passivierungsverbot. Folgende Tabelle zeigt die Auswirkungen ohne Berücksichtigung von latenten Steuern:

GuV **ohne** latente Steuern	2008		2009	
	HaBi	SteuBi	HaBi	SteuBi
	T€	T€	T€	T€
EBT vor Drohverlustrückstellung	300	300	300	300
Zuführung Rückstellung	-100			
Eintritt des Verlustes				-100
EBT	200	300	300	200
lfd. Ertragsteueraufwand (15%)	-45 ←	-45	-30 ←	-30
Ergebnis nach Steuern	155	255	270	170
Steuerquote	22,5 %	15,0 %	10,0 %	15,0 %

TABELLE 3: BERECHNUNG STEUERQUOTE OHNE LATENTE STEUERN

An diesem Beispiel wird erkennbar, dass die korrekte Steuerquote (15,0 %) von der handelsrechtlichen Steuerquote (2008: 22,5 %; 2009: 10,0 %) abweicht. In 2008 ist die ausgewiesene Steuerquote zu hoch, in 2009 zu niedrig.

Für verlässliche Planrechnungen und Analysen benötigen die Jahresabschlussadressaten jedoch korrekte Steuerquoten.

Zwar ist die Steuerquote bei Personengesellschaften relativ gering, weil sie nur der Gewerbesteuer unterliegen. Dennoch verfälscht eine Abweichung von 50 %[17] in 2008 und -34 %[18] in 2009 das Ergebnis wesentlich.

Deshalb werden in der Handelsbilanz latente Steuern i.H.v. +15[19] in 2008 und -15 in 2009 gebildet:

GuV **mit** latente Steuern	2008		2009	
	HaBi	SteuBi	HaBi	SteuBi
	T€	T€	T€	T€
EBT vor Drohverlustrückstellung	300	300	300	300
Zuführung Rückstellung	-100			
Eintritt des Verlustes				-100
EBT	200	300	300	200
lfd. Ertragsteueraufwand (15%)	-45 ←	-45	-30 ←	-30
latenter Steuerertrag/-aufwand	**+15**		**-15**	
Σ Ertragsteueraufwand	-30	-45	-45	-30
Ergebnis nach Steuern	170	255	255	170
Steuerquote	15,0 %	15,0 %	15,0 %	15,0 %

TABELLE 4: BERECHNUNG STEUERQUOTE MIT LATENTEN STEUERN

Nun entspricht die in der Handelsbilanz ausgewiesene Steuerquote i.H.v. 15,0 % der Steuerquote in der Steuerbilanz. Die Abschlussadressaten erhalten verlässliche Informationen für ihre wirtschaftlichen Entscheidungen.

---

[17] Ermittlung: ((22,5 % - 15 %) = 7,5 %-Punkte : 15 % x 100 %) = 50 % Abweichung.

[18] Ermittlung: ((10 % - 15 %) = 5 %-Punkte : 15 % x 100 %) = -34 % Abweichung.

[19] Ermittlung: Differenz im Posten Rückstellungen 100 x Ertragsteuersatz 15,0 % = 15 T€.

Der Bilanzposten "Aktive latente Steuern" entwickelt sich wie folgt:

Soll		Aktive latente Steuern 31.12.2008		Haben
Steuern vom Einkommen und Ertrag	15	Saldo		15
	15			15

Soll		Aktive latente Steuern 31.12.2009		Haben
EB-Wert	15	Steuern vom Einkommen und Ertrag		15
Saldo	0			
	15			15

2. VORSTELLUNG DER UNTERSCHIEDLICHEN KONZEPTIONEN

Im Rahmen der Konzeption von latenten Steuern werden im Wesentlichen zwei Konzepte unterschieden:

1. das timing-Konzept und
2. das temporary-Konzept.

2.1 DAS BISHERIGE TIMING-KONZEPT

Nach dem sog. **timing-Konzept** erfolgt eine Abgrenzung von latenten Steuern aus **GuV-orientierter** Sichtweise. Diese Abgrenzungskonzeption ist Ausfluss aus der dynamischen Bilanztheorie. Sie basiert auf dem Gedanken eines periodengerechten Erfolgsausweises.[20] Dieses Konzept hat zum Ziel in der

---

[20] Vgl. Küting/Gattung in StuB 2005, S. 241 ff.

Gewinn- und Verlustrechnung einen Steueraufwand auszuweisen, der mit dem handelsrechtlichen Ergebnis korrespondiert. Es soll also ein periodengerechter Erfolgsausweis erfolgen.[21]

Dabei werden keine **permanenten** Differenzen, also Ergebnisunterschiede, die sich im Zeitablauf nicht umkehren, abgegrenzt. *Beispiele* für solche permanenten Differenzen sind steuerlich nicht abzugsfähige Betriebsausgaben oder steuerfreie Investitionszulagen.

Für **quasi-permanente** Differenzen, sprich Ergebnisdifferenzen, die sich erst in ferner Zukunft ausgleichen, wird die latente Steuerabgrenzung nach h.M. abgelehnt. Ergebnisunterschiede, die sich erst im Liquidationsfall ausgleichen, stehen im Gegensatz zum going-concern-Prinzip nach § 252 Abs. 1 Nr. 2 HGB. Sie werden deshalb im timing-Konzept nicht angesetzt. *Beispiele* für quasi-permanente Ergebnisdifferenzen zwischen Handels- und Steuerbilanz sind unterschiedliche Wertansätze von nicht abnutzbaren Vermögensgegenständen, z.B. Grund und Boden. [22]

2.2 VORSTELLUNG DES NEUEN TEMPORARY-KONZEPTES

Das **temporary-Konzept** verfolgt in Anlehnung an IAS 12 eine **bilanzorientierte**[23] Sichtweise. Demzufolge werden latente Steuern auf Wertunterschiede von „Vermögensgegenständen, Schulden und Rechnungsabgrenzungsposten" zwischen Handels- und Steuerbilanz abgegrenzt, soweit daraus zukünftige Steuerbe- oder -entlastungen entstehen.[24]

---

[21] Vgl. Küting/Pfitzer/Weber in Das neue deutsche Bilanzrecht, S. 502.

[22] Vgl. Küting/Pfitzer/Weber in Das neue deutsche Bilanzrecht, S. 502.

[23] Eng.: liability approach.

[24] Vgl. Meyer/Loitz/Quella/Zerwas in Latente Steuern, Rz. 8, S. 213.

Nach IDW ERS HFA 27[25] gelten folgende Voraussetzungen für den Ansatz latenter Steuern nach dem BilMoG:

Der Ansatz **latenter Steuern** ist im Einzelabschluss unter folgenden drei Voraussetzungen zulässig:[26]

1. zwischen den handelsrechtlichen Wertansätzen von Vermögensgegenständen, Schulden oder Rechnungsabgrenzungsposten und deren steuerlichen Wertansätzen bestehen Differenzen,

2. diese Differenzen bauen sich in späteren Geschäftsjahren voraussichtlich ab und

3. hieraus ergibt sich insgesamt eine künftige Steuerbe- oder entlastung.

2.3 VERGLEICH DES TIMING- MIT DEM TEMPORARY-KONZEPTES

Das Ziel des temporary-Konzeptes liegt in der zutreffenden Darstellung der Vermögenslage. Im Unterschied zum timing-Konzept werden auch **erfolgsneutrale Unterschiede** erfasst. Darüber hinaus kommt es nicht auf die Zeitdauer bis zur Umkehrung an, so dass auch **quasi-permanente Differenzen** zu berücksichtigen sind. **Permanente** Differenzen bleiben analog zum timing-Konzept auch im temporary-Konzept unberücksichtigt. Die Abgrenzung im temporary-Konzept ist umfassender, wie aus Abbildung 1: Konzeptionelle Änderung durch BilMoG deutlich wird:

---

[25] Vgl. IDW ERS HFA 27 in IDW Fachnachrichten Nr. 7/2009 S. 338, Rz. 3.

[26] Vgl. § 274 Abs. 1 S. 2 i.V.m. S. 1 HGB n.F.

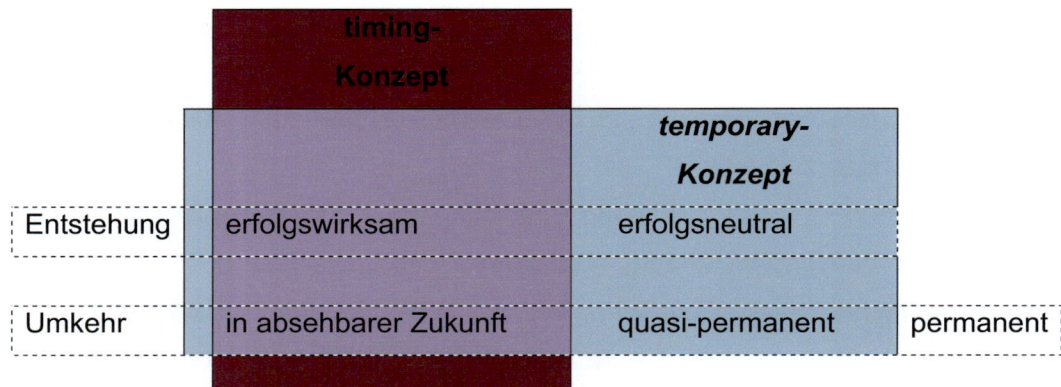

	timing-Konzept	temporary-Konzept	
Entstehung	erfolgswirksam	erfolgsneutral	
Umkehr	in absehbarer Zukunft	quasi-permanent	permanent

ABBILDUNG 1: KONZEPTIONELLE ÄNDERUNG DURCH BILMOG[27]

3. BEWERTUNGSMETHODEN FÜR LATENTE STEUERN

Im Rahmen der Bewertung von latenten Steuern werden im Wesentlichen zwei Methoden unterschieden:

1. die deferred-Methode und

2. die liability-Methode.[28]

3.1 DIE GUV-BASSIERTE DEFERRED-METHODE

Die **deferred-Methode** ist GuV-orientiert und wird auch Abgrenzungsmethode genannt. Ziel dieser Methode ist es, den korrekten Steueraufwand, der sich aus dem handelsrechtlichen Ergebnis ergibt, darzustellen.[29] Die Buchungen, mit denen der Steueraufwand lt. Steuerbilanz an das Ergebnis der Handelsbilanz angepasst wird, werden nach der deferred-Methode als antizipative Rechnungsabgrenzungsposten aktiviert oder als Rückstellung passiviert.

---

[27] Abbildung entnommen aus. Küting/Pfitzer/Weber in Das neue deutsche Bilanzrecht, S. 503.

[28] Vgl. Coenenberg in Jahresabschluss und Jahresabschlussanalyse, S.438.

[29] Vgl. Baetge/Kirsch/Thiele in Bilanzen, S. 552.

3.2 DIE BILANZORIENTIERTE LIABILITY-METHODE

Die **liability-Methode** ist bilanzorientiert und wird auch als Verbindlichkeitsmethode bezeichnet. Sie stellt den richtigen Vermögens- und Schuldenausweis in den Vordergrund.

Die Bewertung erfolgt mit dem „unternehmensindividuellen" **Steuersatz** zum Zeitpunkt der Umkehrung. Der unternehmensindividuelle Steuersatz ist an die steuerrechtlichen Gegebenheiten des Besteuerungssubjekts geknüpft. Der Steuersatz setzt sich grundsätzlich aus Körperschaftsteuer, Gewerbesteuer und Solidaritätszuschlag zusammen. Für Personengesellschaften wird nur die Gewerbesteuer herangezogen. Der unternehmensindividuelle Steuersatz für Personengesellschaften liegt bei einem Gewerbesteuer-Hebesatz[30] von 400 % und einer Gewerbesteuer-Messzahl[31] von 3,5 % bei ca. **14 %**[32]. Regelmäßig ist auf den Steuersatz am Bilanzstichtag abzustellen.

Für die Berechnung habe ich ein separates Formblatt[33] entworfen, welches in Tabellenform die Spalten

- Bilanzposten
- Ansatz Handelsbilanz
- Ansatz Steuerbilanz
- Differenz
- Art der Differenz
- Auswirkung auf Eigenkapital der Handelsbilanz
- latente Steuer (Betrag und Art)

enthält.

---

[30] Vgl. § 16 GewStG.

[31] Vgl. § 11 Abs. 2 GewStG.

[32] Berechnung ab 2008: Gewerbesteuer-Hebesatz 400 % x Gewerbesteuer- Messzahl 3,5

[33] Siehe Anhang 7 Formblatt zur Berechnung latenter Steuern.

3.3 ZUORDNUNG DER BEWERTUNGSMETHODEN ZU DEN KONZEPTEN

Die Abgrenzungskonzepte aus Gliederungspunkt 2.1 lassen sich wie folgt mit den Bewertungsmethoden aus Gliederungspunkt 2.2 kombinieren: Die liability-Bewertung lässt sich dem temporary-Konzept sowie lt. Coenenberg auch dem timing-Konzept zuordnen. Mit der deferred-Methode lässt sich nur das timing-Konzept verbinden.[34]

	timing-Konzept	temporary-Konzept
deferred-Methode	ja	nein
liability-Methode	ja	ja

TABELLE 5: ZUORDNUNG DER BEWERTUNGSMETHODEN ZU DEN KONZEPTEN LATENTER STEUERABGRENZUNG

BEISPIEL 2: ERMITTLUNG VON LATENTEN STEUERN NACH DER LIABILITY-METHODE

Die MAFT GmbH & Co. KG hat folgende Gesamthandsbilanzen:

HaBi						SteuBi				
Aktiva	100	EK	100			Aktiva	400	EK	200
		RSt	0					RSt	200
	100		100				400		400

Die Differenzen zwischen Handels- und Steuerbilanz gleichen sich in naher Zukunft wieder aus.

Der Gewerbesteuerhebesatz liegt bei 429 %. Gewerbesteuerliche Hinzu- bzw. -abrechnungen nach §§ 8 und 9 GewStG sind keine vorzunehmen.

Es ist kein gewerbesteuerlicher Verlustvortrag vorhanden.

---

[34] Vgl. Coenenberg in Bilanzen (2005), S. 433 ff.

Lösung:
Der unternehmensspezifische Steuersatz für die KG berechnet sich wie folgt:

Gewerbesteuerhebesatz 429 % x Messzahl 3,5 % = 15 %.

Bilanzvergleich anhand des Formblatts

Mandant: MAFT KG

Wirtschaftsjahr: 2009

Bilanzposten	Ansatz Handelsbilanz T€	Ansatz Steuerbilanz T€	Differenz T€	Art[35]	Auswirkung Eigenkapital HaBi	latente Steuer T€	aktiv/ passiv
Aktiva	100	400	300	V↓	Minder-EK	45	aktive
Rückstellungen	0	200	200	S↓	Mehr-EK	-30	passive

Im Falle der Saldierung verbleibt ein Aktivüberhang von 15 T€

C. DIE KONKRETE BILANZIERUNG NACH DEM HGB

1. LATENTE STEUERN VOR DEM BILMOG

Nach den Regelungen des § 274 HGB a.F.[36] galt bisher das sog. **timing-Konzept**, nach dem eine Abgrenzung von latenten Steuern aus GuV-orientierter Sichtweise erfolgte. Die bisherige Bewertung im HGB entsprach der **deferred-Methode**, die im Zusammenhang mit dem timing-Konzept auch üblich ist. Nach dem alten Recht bestand eine **Saldierungspflicht** für aktive und passive latente Steuern. Für einen aktivischen Überhang bestand ein **Aktivierungswahlrecht** als Rechnungsabgrenzungsposten. Für einen passiven Überhang bestand **Passivierungspflicht** als Rückstellung.

---

[35] V↑ = Mehrvermögen, V↓ = Mindervermögen, S↑ Mehrschulden, S↓ Minderschulden.

[36] Der Wortlaut des alten Rechts ist in Anhang 2: § 274 HGB a.F. abgedruckt.

2. LATENTE STEUERN NACH DEM BILMOG

2.1 KONZEPT UND METHODE

Mit dem BilMoG wurde ein konzeptioneller Wandel in der Abgrenzung von latenten Steuern vollzogen. Die Neufassung der §§ 274[37] und 306 HGB n.F. schreiben nun das sog. **temporary-Konzept** vor, das eine **bilanzorientierte** Sichtweise verfolgt. Die neue **Bewertungsmethode** von latenten Steuern ist in § 274 Abs. 2 HGB n.F.[38] geregelt. Für die Bewertung wird der Steuersatz verwendet, der vom Parlament (Bundestag und Bundesrat) verabschiedet wurde. Insoweit folgt das BilMoG der im temporary-Konzept üblichen **liability-Methode** des IAS 12. Entgegen der Interpretation des IAS 12[39] zum Umgang mit Steuersatzänderungen ist eine solche Verabschiedung als wertaufhellendes Ereignis[40] zu würdigen. Sie wirkt also auch dann, wenn sie erst nach dem Abschlussstichtag erfolgt.

Die latenten Steuern werden als **Sonderposten eigener Art** klassifiziert. Das ist insbesondere dafür wichtig, dass nicht latente Steuern von den latenten Steuern gebildet werden, denn diese berücksichtigen nur unterschiedliche Ansätze in Vermögensgegenständen, Schulden und Rechnungs-abgrenzungsposten. Für die Bewertung dieser Posten gilt nach dem BilMoG ein **Verbot zur Abzinsung**.[41] Das ist aus der Zielsetzung des BilMoGs, Deregulierungen zu schaffen, zu befürworten.[42] Außerdem entspricht es der Vorgehensweise nach IAS 12, so dass auch die Anpassung an internationale Rechnungslegung erreicht wird.

---

[37] Der Wortlaut des neuen Rechts ist in Anhang 1: § 274 HGB n.F. abgedruckt.

[38] Sowie § 306 HGB für den Konzernabschluss.

[39] Vgl. RIC-News vom 20.06.2007.

[40] Das wertaufhellende Ereignis ergibt sich als Ausfluss aus dem Vorsichtsprinzip nach § 252 Abs. 1 Nr. 4, erster Halbsatz HGB.

[41] Vgl. § 274 Abs. 2 S. 1 HGB n.F.

[42] Vgl. Loitz in DB 2008 Heft 26, S. 1.392.

Künftige Steuerentlastungen sind am Schluss der Aktivseite unter dem Bilanzposten **„Aktive latente Steuern"**[43]; künftige Steuerbelastungen am Schluss der Passivseite unter dem Bilanzposten **„Passive latente Steuern"** jeweils als Sonderposten eigener Art auszuweisen.[44]

Erträge aus der Aktivierung und **Aufwendungen** aus der Aktivierung sind nach § 274 Abs. 2 S. 3 HGB n.F. in der Gewinn- und Verlustrechnung gesondert unter dem Posten „Steuern vom Einkommen und Ertrag"[45] auszuweisen. Das gilt gemäß § 274 Abs. 2 S. 2 HGB n.F. auch für die Auflösung latenter Steuern. Bestehen im Zeitraum der erstmaligen Anwendung des HGB n.F. temporäre Differenzen bzw. steuerliche Verlustvorträge sind mangels Ausnahmeregelung in den Übergangsvorschriften auch für diese **Altfälle** latente Steuern nach den Vorgaben des § 274 HGB n.F. anzusetzen. Erträge bzw. Aufwendungen aus dem Übergang vom timing- auf das temporary-Konzept sind gemäß Art. 67 Abs. 6 S. 1 EGHGB **erfolgsneutral** unmittelbar in die Gewinnrücklagen einzustellen bzw. mit diesen zu verrechnen.[46] Werden Beträge für die Auflösung überdotierter Rückstellungen[47], für die Auflösung bestimmter Aufwandsrückstellungen, eines Sonderpostens mit Rücklageanteil oder bestimmter Rechnungsabgrenzungsposten[48] oder für die Rückgängigmachung bestimmter niedrigerer Wertansätze[49] unmittelbar in die Gewinnrücklagen eingestellt, sind daraus resultierende latente Steuererträge- bzw. -aufwendungen ebenfalls unmittelbar in die Gewinnrücklagen einzustellen bzw. zu verrechnen.[50] Entsteht ein Aufwand aus der Verminderung aktiver latenter Steuern, ist dieser erfolgsneutral mit den Gewinnrücklagen zu verrechnen. Dies

---

[43] Vgl. § 266 II D. HGB n.F.

[44] Vgl. § 266 III E. HGB n.F.

[45] Vgl. § 275 II Nr. 17 HGB n.F.

[46] Vgl. IDW ERS HFA 28 in IDW-Fachnachrichten Nr. 7/2009 S. 351.

[47] Vgl. Art. 67 Abs. 1 S. 3 EGHGB.

[48] Vgl. Art. 67 Abs. 3 S. 1 EGHGB.

[49] Vgl. Art. 67 Abs. 4 S. 2 EGHGB.

[50] Vgl. Art. 67 Abs. 6 S. 2 EGHGB.

gilt unabhängig davon, ob die Option gemäß § 274 Abs. 1 S. 3 HGB n.F. zum saldierten Nettoausweis der aktiven und passiven latenten Steuern ausgeübt wird oder nicht, da dieses Ausweiswahlrecht den in der Gewinn- und Verlustrechnung ausgewiesenen latenten Steuerertrag oder -aufwand nicht beeinflusst. Eine Verrechnung mit den Gewinnrücklagen kommt nur in Betracht, soweit sich die vorstehend genannten unmittelbar in die Gewinnrücklagen eingestellten Beträge aufgrund der Ausübung des Aktivierungswahlrechts nach § 274 Abs. 1 S. 2 HGB n.F. auf den latenten Steuerertrag- oder -aufwand auswirken.

Erfolgt die Auflösung von nach § 249 Abs. 1. S. 3 und Abs. 2 HGB a.F. gebildeten Rückstellungen erfolgswirksam, sind darauf resultierende latente Steuererträge und -aufwendungen ebenfalls **erfolgswirksam** zu erfassen.[51] Das ist der Fall, wenn eine Bildung bzw. Zuführung zu der Rückstellung erst im letzten vor dem 01.01.2010 beginnenden Geschäftsjahr erfolgt ist.[52]

---

[51] Vgl. Art. 67 Abs. 3 S. 2 EGHGB.

[52] Vgl. IDW ERS HFA 28 in IDW-Fachnachrichten Nr. 7/2009 S. 352.

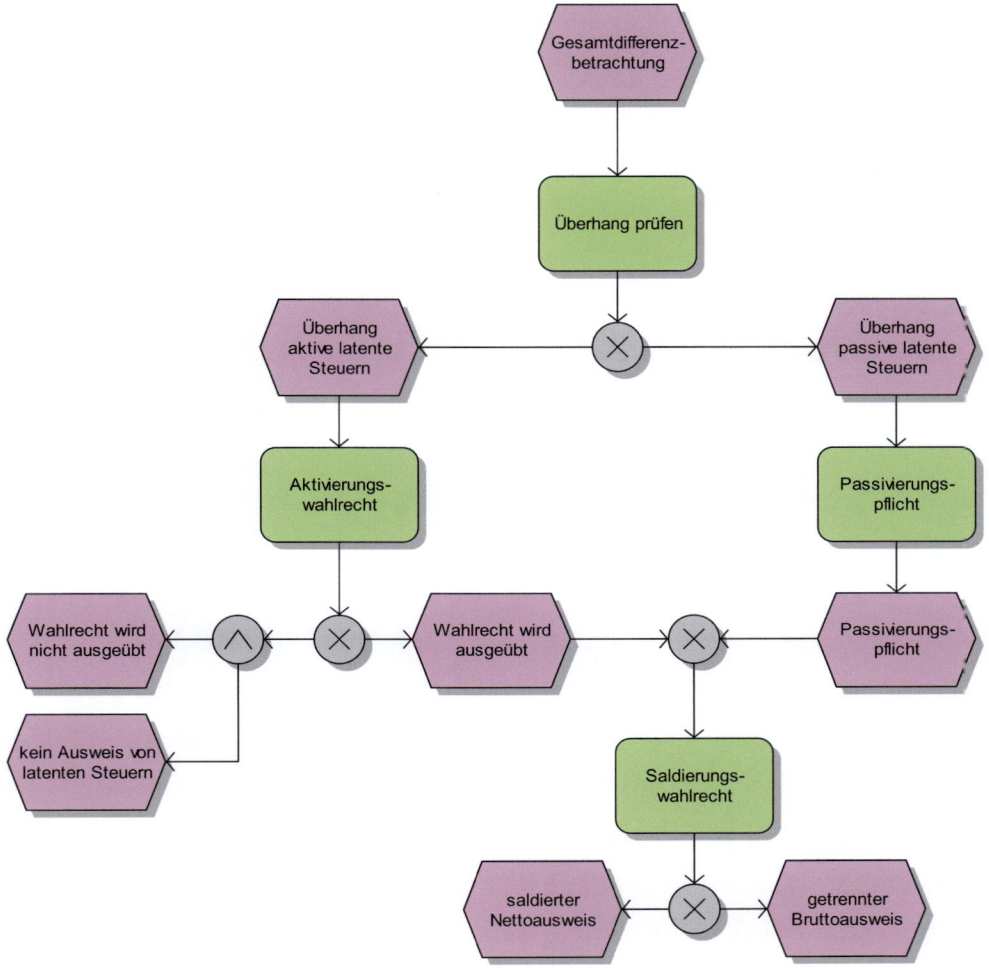

ABBILDUNG 2: ZUSAMMENHANG AKTIVIERUNGS- UND SALDIERUNGSWAHLRECHT[53]

Aus dem Gesetz lässt sich folgende Vorgehensweise für das sog. Aktivierungs- und Saldierungswahlrecht herauslesen. Zunächst einmal soll klargestellt werden, dass es sich hierbei um zwei Wahlrechte handelt: Ein Aktivierungswahlrecht und ein Saldierungswahlrecht.

---

[53] Die Erläuterungen zum EPK-Modell finden Sie im Anhang 8 Erläuterung der EPK-Darstellungen.

Das **Aktivierungswahlrecht** ergibt sich aus § 274 Abs. 1 S. 2 HGB n.F.

Das Gesetz schreibt vor, dass nach der Saldierung („insgesamt") verbleibende aktive latente Steuern aktiviert werden können. Aus dieser Formulierung ergibt sich, dass zunächst eine Gesamtdifferenzbetrachtung durchgeführt werden muss. Für einen dann entstehenden aktivischen Überhang besteht das Aktivierungswahlrecht. Ein passivischer Überhang ist stets zu passivieren. Insoweit entspricht dies dem Vorsichtsprinzip nach § 252 Abs. 1 Nr. 4 HGB.

Die Ausübung des Aktivierungswahlrechts sollte nicht willkürlich erfolgen. Soweit die Steuererstattung nicht hinreichend sicher ist, sollte die Gesellschaft einen aktiven Überhang nicht bilanzieren. Das ist z.B. der Fall, wenn aus der Planung hervorgeht, dass die Gewinne in der nächsten Zukunft nicht ausreichen werden, um diese Steuererstattungen in Anspruch zu nehmen. Für die Ausübung des Wahlrechts besteht das Stetigkeitsgebot nach § 252 Abs. 1 Nr. 6 HGB.

Das **Saldierungswahlrecht** ergibt sich aus § 274 Abs. 1 S. 3 HGB n.F.

Es gilt sowohl bei einem sich ergebenden aktiven Überhang[54] als auch bei einem passiven Überhang. Demnach können latente Steuern saldiert (Nettoausweis) oder getrennt (Bruttoausweis) ausgewiesen werden. Das Wahlrecht unterliegt dem Stetigkeitsgebot nach § 252 Abs. 1 Nr. 6 HGB.

Nicht vertretbar ist, wenn eine aktive und eine passive latente Steuer besteht, der passivische Teil unmittelbar anzusetzen ist aber der aktivische Teil nicht angesetzt wird. Für die Ausübung des Saldierungswahlrechts muss zuerst die Verrechnung aktiver und passiver Latenzen durchgeführt werden (Gesamtdifferenzbetrachtung). Erst dann ist die Option zum getrennten Ausweis möglich.

Eine Saldierung von latenten Steuern mit **tatsächlichen Steuern** kommt ebenfalls nicht in Betracht.[55]

---

[54] Bei Ausübung des Aktivierungswahlrechtes.

[55] Vgl. Theile in Bilanzrechtsmodernisierungsgesetz; nwb 2009, S. 157.

Nach Analyse des Aktivierungs- und Saldierungswahlrechts ergeben sich nun folgende Alternativen für den Ausweis latenter Steuern: [56]

Wenn ein **Aktivüberhang** vorhanden ist:

1. Saldierung (Gesamtdifferenzbetrachtung) der aktiven und passiven latenten Steuern und Nichtausweis des Aktivüberhangs,

2. Saldierung (Gesamtdifferenzbetrachtung) der aktiven und passiven latenten Steuern und Ausweis des Aktivüberhangs (Aktivierungswahlrecht).

3. Aktivierungswahlrecht für aktive latente Steuern ausüben und getrennter Ausweis der aktiven und passiven latenten Steuern (Option Bruttoausweis nach § 274 Abs. 1 S. 3 HGB),

4. **Nicht möglich** ist dagegen die Variante:
    Aktivierungswahlrecht für aktive latente Steuern nicht ausüben und alleiniger Pflichtausweis der passiven latenten Steuern.

Wenn ein **Passivüberhang** vorhanden ist:

1. Saldierung (Gesamtdifferenzbetrachtung) der aktiven und passiven latenten Steuern und Pflichtausweis des Passivüberhangs (Passivierungspflicht),

2. getrennter Ausweis aktive und passive latente Steuern (Option Bruttoausweis nach § 274 Abs. 1 S. 3 HGB).

3. **Nicht möglich** ist auch hier die Variante:
    Aktivierungswahlrecht für aktive latente Steuern nicht ausüben und alleiniger Pflichtausweis der passiven latenten Steuern,

---

[56] Vgl. Loitz in DB 2009 Heft 18 S. 918.

BEISPIEL 3: AKTIVIERUNGS- UND SALDIERUNGSWAHLRECHT BEI AKTIVÜBERHANG

Das obige **Beispiel 2: Ermittlung von latenten Steuern** von Seite 22 wird wie folgt fortgesetzt:

Da sich die Differenzen zwischen Handels- und Steuerbilanz in naher Zukunft wieder ausgleichen, liegen ausschließlich temporäre Differenzen vor. Insgesamt liegt ein Aktivüberhang (15) vor.

Die MAFT GmbH & Co. KG hat nun grundsätzlich die folgenden Alternativen:[57]

1. **Saldierung** (Gesamtdifferenzbetrachtung) der aktiven und passiven latenten Steuern und **Nichtausweis des Aktivüberhangs**,

2. **Saldierung** (Gesamtdifferenzbetrachtung) der aktiven und passiven latenten Steuern und **Ausweis des Aktivüberhangs** (15) (Aktivierungswahlrecht),

3. **Aktivierungswahlrecht** für aktive latente Steuern ausüben und **getrennter Ausweis** aktive (45) und passive latente Steuern (30) (Option Bruttoausweis nach § 274 Abs. 1 S. 3 HGB n.F.),

4. **Nicht zulässig** ist das Aktivierungswahlrecht für aktive latente Steuern nicht auszuüben und alleiniger Pflichtausweis der passiven latenten Steuern (30).

zu 1.

	HaBi		
aktive latente Steuern	0	passive latente Steuern	0

Aktivierungswahlrecht -

Saldierungswahlrecht +

---

[57] Vgl. Loitz in DB 2009 Heft 18 S. 918.

zu 2.

HaBi			
aktive latente Steuern	15	passive latente Steuern	0

Aktivierungswahlrecht +

Saldierungswahlrecht +

zu 3.

HaBi			
aktive latente Steuern	45	passive latente Steuern	30

Aktivierungswahlrecht +

Saldierungswahlrecht -

zu 4. (nicht zulässig)

HaBi			
aktive latente Steuern	0	passive latente Steuern	30

Aktivierungswahlrecht -

Saldierungswahlrecht -

BEISPIEL 4: AKTIVIERUNGS- UND SALDIERUNGSWAHLRECHT BEI PASSIVÜBERHANG

Die MAFT GmbH & Co. KG hat folgende Gesamthandsbilanzen:

HaBi					SteuBi			
Aktiva	400	EK	200		Aktiva	100	EK	100
		RSt	200				RSt	0
	100		100			400		400

Die Differenzen zwischen Handels- und Steuerbilanz gleichen sich in naher Zukunft wieder aus.

Der Gewerbesteuerhebesatz liegt bei 429 %. Gewerbesteuerliche Hinzu- bzw. -abrechnungen nach §§ 8 und 9 GewStG sind keine vorzunehmen.

Es ist kein gewerbesteuerlicher Verlustvortrag vorhanden.

Lösung:

Der unternehmensspezifische Steuersatz für die KG berechnet sich wie folgt:

Gewerbesteuerhebesatz 429 % x Messzahl 3,5 % = 15 %.

Bilanzvergleich anhand des Formblatts

Mandant: MAFT KG

Wirtschaftsjahr: 2009

Bilanzposten	Ansatz HaBi T€	Ansatz SteuBi T€	Differenz T€	Art[58]	Auswirkung Eigenkapital HaBi	latente Steuer T€	aktiv/ passiv
Aktiva	400	100	300	V↑	Mehr-EK	-45	passiv
Rückstellungen	200	0	200	S↑	Minder-EK	30	aktiv

Da sich die Differenzen zwischen Handels- und Steuerbilanz in naher Zukunft wieder ausgleichen, liegen ausschließlich temporäre Differenzen vor. Insgesamt liegt ein Passivüberhang (15) vor.

Die MAFT GmbH & Co. KG hat nun grundsätzlich die folgenden Alternativen:[59]

1. **Saldierung** (Gesamtdifferenzbetrachtung) der aktiven und passiven latenten Steuern und **Pflichtausweis des Passivüberhangs** (15) (Nettoausweis),

2. **Getrennter Ausweis** aktive (30) und passive latente Steuern (45) (Option Bruttoausweis nach § 274 Abs. 1 S. 3 HGB n.F.),

---

[58] V↑ = Mehrvermögen, V↓ = Mindervermögen, S↑ Mehrschulden, S↓ Minderschulden.

[59] Vgl. Ernst/Naumann in Das neue Bilanzrecht, S.154.

3. **Nicht zulässig** ist das Aktivierungswahlrecht für aktive latente Steuern (30) nicht auszuüben und alleiniger Pflichtausweis der passiven latenten Steuern (45).

zu 1.

	HaBi		
aktive latente Steuern	0	passive latente Steuern	15

Saldierungswahlrecht +

zu 2.

	HaBi		
aktive latente Steuern	30	passive latente Steuern	45

Saldierungswahlrecht -

zu 3. (nicht zulässig)

	HaBi		
aktive latente Steuern	0	passive latente Steuern	45

Aktivierungswahlrecht -
Saldierungswahlrecht -

Bei der Berechnung aktiver latenter Steuern sind **steuerliche Verlustvorträge** zu berücksichtigen.[60] Im Interesse einer besseren Überprüfbarkeit und Praktikabilität sind sie aber nur insoweit anzusetzen, als zu erwarten ist, dass sie innerhalb der nächsten **fünf Jahre** verrechnet werden.[61] Dabei sind die Beschränkungen des Verlustabzuges gemäß **§ 10d EStG** zu berücksichtigen. Bei der Ermittlung der ansatzfähigen aktiven latenten Steuern auf Verlustvorträge ist grundsätzlich der gesamte Fünf-Jahres-Zeitraum zu berücksichtigen. Das gilt auch, wenn sich im Einzelfall die bisherige Unternehmensplanung und die darauf aufbauende **Steuerplanung** nur über einen kürzeren Zeitraum erstreckt. Ggf. ist für verbleibende Jahre ohne Detailplanung eine sachgerechte und plausible Schätzung vorzunehmen.[62]

Die Vorgehensweise bei der Fortschreibung unterliegt dem **Stetigkeitsgebot** nach § 252 Abs. 1 Nr. 6 HGB. [63]

Folgende Vorgehensweise wird vom IDW bei der Ermittlung ansatzpflichtiger bzw. ansatzfähiger latenter Steuern unter **Berücksichtigung steuerlicher Verlustvorträge** empfohlen:

1. Zunächst sind bestehende passive Latenzen mit aktiven Latenzen aus Vermögensgegenständen, Schulden oder Rechnungsabgrenzungs-posten zu verrechnen (**Gesamtdifferenzbetrachtung**).

2. Ein verbleibender **Passivüberhang** ist durch Vorteile aus verrechenbaren steuerlichen Verlustvorträgen zu reduzieren. Darüber hinaus ist der IDW der Meinung auch solche steuerlichen Verlustvorträge zu berücksichtigen, deren Verrechenbarkeit erst nach Ablauf von fünf

---

[60] Vgl. § 274 Abs. 1 S. 4 HGB n.F.

[61] Vgl. IDW ERS HFA 27 in IDW Fachnachrichten Nr. 7/2009, S. 339, Rz. 13.

[62] Z.B. durch Extrapolation.

[63] Vgl. IDW ERS HFA 27 in IDW Fachnachrichten Nr. 7/2009, S. 339, Rz. 13.

Jahren zu erwarten ist.[64] Keine oder eine nur teilweise Berücksichtigung solcher Verlustvorträge würde zum Ansatz von künftigen Steuerbelastungen führen, die in dieser Höhe gar nicht zu erwarten sind.

3. Ergibt sich aus der Berechnung insgesamt ein **Aktivüberhang** und damit eine zu erwartende künftige Steuerentlastung, so besteht ein Ansatzwahlrecht für die aktiven latenten Steuern. Verlustvorträge sind in diesem Fall insoweit zu berücksichtigen, soweit sie noch nicht mit passiven latenten Steuern verrechnet worden sind. Die Aktivierung von Vorteilen aus diesen verbleibenden steuerlichen Verlustvorträgen setzt voraus, dass die Verlustverrechnung voraussichtlich innerhalb der nächsten fünf Jahre erfolgt.[65]

---

[64] Vgl. IDW ERS HFA 27 in IDW Fachnachrichten Nr. 7/2009 S. 340, Rz. 14.

[65] Vgl. IDW ERS HFA 27 in IDW Fachnachrichten Nr. 7/2009, S. 340, Rz. 14.

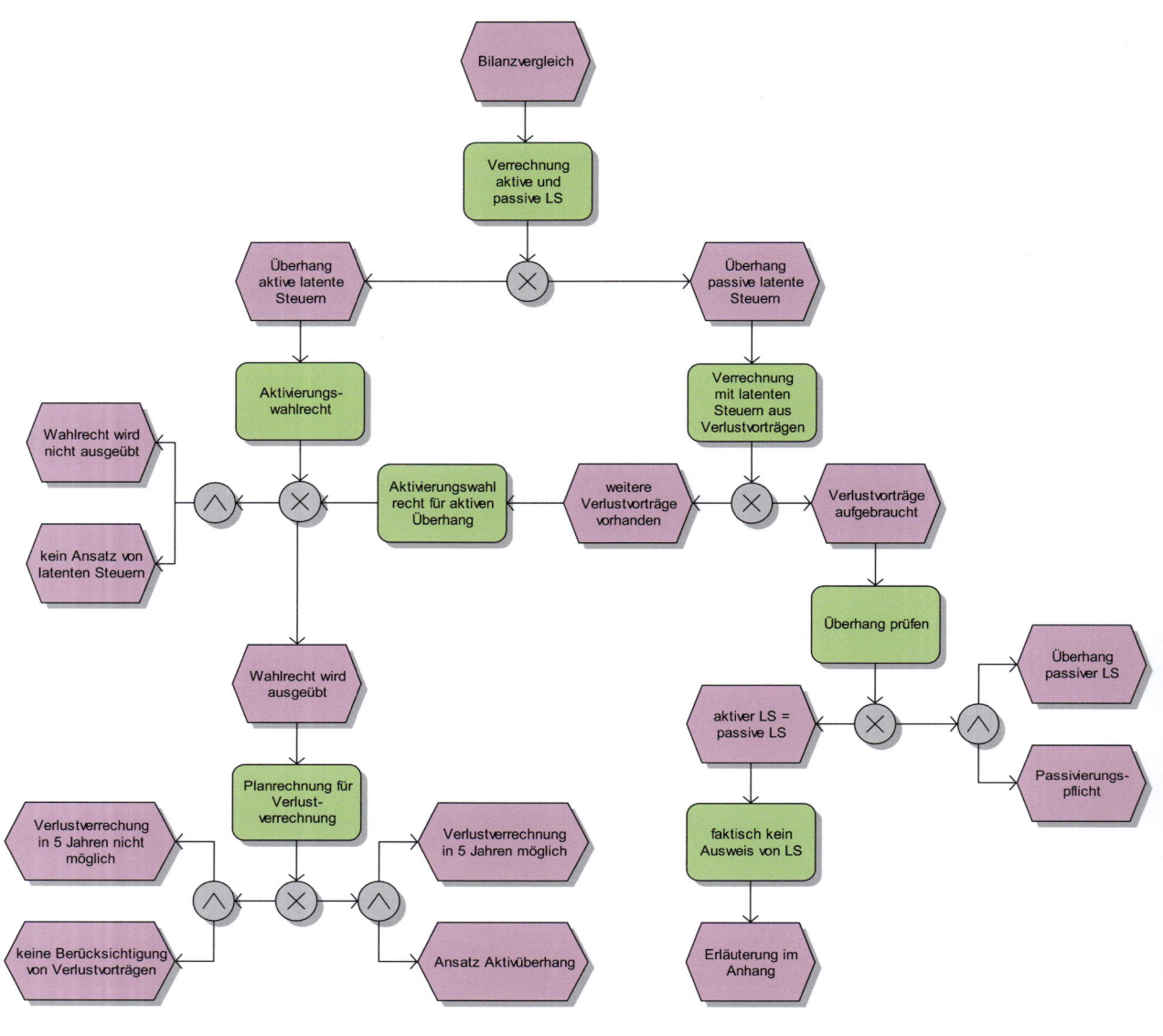

ABBILDUNG 3: VORGEHENSWEISE ZUR BERÜCKSICHTIGUNG VON VERLUSTVORTRÄGEN[66]

---

[66] Die Erläuterungen zum EPK-Modell finden Sie im Anhang 8 Erläuterung der EPK-Darstellungen.

Die MAFT-KG hat folgende Gesamthandsbilanzen:

HaBi				
Aktiva	400	EK	200	
		RSt	200	
	400		400	

SteuBi				
Aktiva	100	EK	100	
		RSt	0	
	100		100	

Die Differenzen zwischen Handels- und Steuerbilanz gleichen sich in naher Zukunft wieder aus.

Der Gewerbesteuerhebesatz liegt bei 429 %. Hinzu- bzw. -abrechnungen nach §§ 8 und 9 GewStG sind keine vorzunehmen.

Es ist ein gewerbesteuerlicher Verlustvortrag i.H.v. 400 T€ vorhanden. Die Wahrscheinlichkeit der Inanspruchnahme wurde durch eine steuerliche Einschätzung auf 50 % angenommen.

Lösung:

Der unternehmensspezifische Steuersatz für die KG berechnet sich wie folgt:
Gewerbesteuerhebesatz 429 % x Messzahl 3,5 % = 15 %.

1. Schritt

Bilanzvergleich anhand des Formblatts

Mandant: MAFT KG

Wirtschaftsjahr: 2009

Bilanzposten	Ansatz Handelsbilanz €	Ansatz Steuerbilanz €	Differenz €	Art[67]	Auswirkung Eigenkapital HaBi	latente Steuer €	aktiv/ passiv
Aktiva	400	100	300	V↑	Mehrkapital	-45	passiv
Rückstellungen	200	0	200	S↑	Wenigerkapital	30	aktiv

Als Zwischensumme verbleibt ein Passivüberhang von 15 T€.

2. Schritt

Passivüberhang mit Verlustvorträgen verrechnen

Zunächst sind die aktiven latenten Steuern aus dem Verlustvortrag zu bestimmen: 400 T€ x 15,0 % = 60 T€.

Der Passivüberhang i.H.v. 15 T€ ist zwingend mit den Verlustvorträgen zu verrechnen, so dass ein Zwischenstand von 0 erreicht ist. Für die restlichen 45 T€ (60 T€ - 15 T€), die noch nicht verrechnet wurden, besteht nun ein Aktivierungswahlrecht.

3. Schritt

Aktivierungswahlrecht

Zunächst sind die Verlustvorträge anhand einer Planrechnung zu analysieren[68] Es wird eine 5-Jahres-Planung durchgeführt und mittels einer steuerlichen Einschätzung die Wahrscheinlichkeit der Inanspruchnahme der Verlustvorträge in den nächsten 5 Jahren ermittelt. Diese beträgt laut Sachverhalt 50 %. Damit dienen Verlustvorträge i.H.v. (400 T€ x 50 % =) 200 T€ als Berechnungsgrundlage. Die aktive latente Steuer darauf beträgt (200 T€ x 15 % =) 30 T€. Diese 30 T€ wurden noch nicht mit passiven latenten Steuern verrechnet. Deshalb kann die MAFT GmbH & Co. KG diese in der Handelsbilanz aktivieren. Wenn sie dagegen das Wahlrecht nicht in Anspruch

---

[67] V↑ = Mehrvermögen, V↓ = Mindervermögen, S↑ Mehrschulden, S↓ Minderschulden.

[68] Vgl. Loitz in DB 2009 Heft 18, S. 914.

nimmt beträgt der Ausweis 0. Dann sind Erläuterungen im Anhang erforderlich, die den Grund darlegen, warum kein Ausweis von latenten Steuern erfolgt ist.

3. WEITERE ÄNDERUNGEN DURCH DAS BILMOG MIT AUSWIRKUNGEN AUF LATENTE STEUERN

3.1 WEGFALL DER UMGEKEHRTEN MAßGEBLICHKEIT

Der Umfang und die Art[69] der latenten Steuern wurden bisher wesentlich durch die enge Verknüpfung der Steuer- mit der Handelsbilanz, dem sog. „Maßgeblichkeitsprinzip", bestimmt. Dabei ist zwischen der materiellen[70] und der umgekehrten[71] Maßgeblichkeit unterschieden worden.

Nach der **materiellen Maßgeblichkeit** sind vorbehaltlich abweichender steuerrechtlicher Normen[72] die handelsrechtlichen Grundsätze ordnungsgemäßer Buchführung (GoB) analog für das Steuerrecht anzuwenden.[73] Diese bleibt auch zukünftig bestehen.

Die **umgekehrte** (bzw. formelle) **Maßgeblichkeit** macht die Anwendung steuerrechtlicher Wahlrechte von der Bilanzierung in der Handelsbilanz abhängig. Durch die Streichung des bisherigen § 5 Abs. 1 S. 2 EStG a.F. und der Öffnungsklauseln[74] im HGB wird die umgekehrte Maßgeblichkeit aufgegeben. Die Aufhebung bewirkt, dass die Handelsbilanz frei von steuerlichen Zielsetzungen erstellt werden kann.[75]

---

[69] Aktive oder passive latente Steuern.

[70] Vgl. § 5 Abs. 1 S. 1 EStG a.F.

[71] Vgl. § 5 Abs. 1 S. 2 EStG a.F.

[72] Vgl. § 5 Abs. 6 EStG a.F.

[73] Vgl. Küting/Pfitzer/Weber in Das neue deutsche Bilanzrecht, S. 504.

[74] Vgl. Öffnungsklauseln § 247 Abs. 3, § 254, § 273, § 279 Abs. 2 und § 281 HGB a.F.

[75] Vgl. Meyer/Loitz/Quella/Zerwas in Latente Steuern, Rz. 6, S. 213.

Die **Einheitsbilanz** bleibt bestehen, wird aber zukünftig seltener sein. Die Zahl der Anwendungsfälle **passiver latenter Steuern** wird im Einzelabschluss deutlich zunehmen.[76]

3.2 AUSSCHÜTTUNGSSPERRE

Nach § 268 Abs. 8 HGB wird eine Ausschüttungssperre für Kapitalgesellschaften festgelegt. Da Ausschüttungen naturgemäß nur von Kapitalgesellschaften vorgenommen werden können, ist die Anwendung für Personengesellschaften nicht weiter zu behandeln.

3.3 ANGABEN IM ANHANG

Die Angaben im Anhang sind durch das BilMoG in vielen Bereichen geändert bzw. ergänzt worden. Bezogen auf die latenten Steuern wurde in § 285 HGB n.F. die Nr. 29 eingefügt. Danach ist im Anhang anzugeben, **auf welche Differenzen** oder steuerlichen Verlustvorträgen die latenten Steuern beruhen und mit welchem Steuersatz bewertet wurde.

Anzugeben sind die gesamten Differenzen, auf denen die latenten Steuern beruhen. Unterbleibt der Ausweis latenter Steuern aufgrund der Gesamtdifferenzbetrachtung (und des Aktivierungswahlrechts), ist zu erläutern, aufgrund welcher Differenzen oder steuerlicher Verlustvorträge per Saldo ein Ausweis unterbleibt. [77]

Kleine und mittelgroße Kapitalgesellschaften und haftungsbeschränkte Personengesellschaften[78] sind von der Angabepflicht befreit.[79]

---

[76] Vgl. Karrenbrock in WPg 2008, S. 328.

[77] Vgl. BT-Rechtsausschuss in Beschlussempfehlung und Bericht zum BilMoG zu Art. 1 Nr. 30-neu (§ 285 HGB).

[78] Nach § 264a HGB.

[79] Vgl. § 288 Abs. 1 i.V.m. Abs2 S. 2 HGB n.F.

	Abziehbare temporäre Differenzen	Zu versteuernde temporäre Differenzen	Abziehbare temporäre Differenzen	Zu versteuernde temporäre Differenzen
In T€	31.12.2011	31.12.2011	31.12.2010	31.12.2010
Differenzen				
Immaterielle Vermögensgegenstände		250		300
Sachanlagen		600		550
Finanzanlagen		190		200
Vorräte		80		50
Forderungen und sonstige Vermögensgegenstände	59		63	
Wertpapiere UV		90		40
Pensionsrückstellungen	590		550	
Sonstige Rückstellungen		112		132
Verbindlichkeiten				
Verlustvorträge[80]	941		1.037	
Summe	**1.590**	**1.322**	**1.650**	**1.272**

TABELLE 6: BEISPIEL FÜR ANHANGSANGABEN

---

[80] Soweit sie sich innerhalb der nächsten fünf Jahre verrechnen lassen.

Latente Steuern	Aktiv	Passiv	Aktiv	Passiv
Bewertung	239	198	248	191
Saldierung	-198	-198	-191	-191
Saldo	41		57	

Die Bewertung der temporären Differenzen und der steuerlichen Verlustvorträge erfolgt mit dem für das Geschäftsjahr geltendem Gewerbesteuersatz von 15 %. (Vorjahr: 15 %).

Die sich rechnerisch ergebende Steuerbelastung wurde nach dem Wahlrecht des § 274 HGB n.F. sowohl im Berichtsjahr als auch im Vorjahr nicht aktiviert. Trotzdem ist die Anhangsangabe vorzunehmen.

D. BESONDERHEITEN BEI PERSONENHANDELSGESELLSCHAFTEN

1. BESONDERHEITEN BEI DER STEUERLICHEN GEWINNERMITTLUNG

Ertragsteuerlich werden gewerblich tätige Unternehmen in der Rechtsform einer Personenhandelsgesellschaft (OHG, KG oder GmbH & Co. KG) in Deutschland als sogenannte Mitunternehmerschaften behandelt. Die steuerliche Gewinnermittlung einer Mitunternehmerschaft umfasst drei Rechenwerke:

1. Einkünfte aus der Gesamthandsbilanz,
2. Einkünfte aus den Ergänzungsbilanzen und
3. Einkünften aus den Sonderbilanzen.

ABBILDUNG 4: DIE GEWINNERMITTLUNG EINER PERSONENHANDELSGESELLSCHAFT

Die in den Ergänzungs- und Sonderbilanzen erfassten Vermögenswerte bzw. Schulden sind für die Abgrenzung von latenten Steuern von besonderer Bedeutung.[81]

Ergänzungsbilanzen beinhalten gesellschafterbezogene Wertkorrekturen gegenüber den steuerlichen Wertansätzen in der Gesamthandsbilanz. In einer Mitunternehmerschaft mit drei Gesellschaftern kann es somit auch drei Ergänzungsbilanzen geben. Die Wertkorrekturen können sich beispielweise aus der Inanspruchnahme personenbezogener Steuervergünstigungen, wie z.B. § 6b EStG ergeben. Weitere Beispiele sind Umwandlungen nach dem UmwStG, Anteilsübernahmen oder die Einbringung von Wirtschaftsgütern.[82]

Der Erwerb eines Anteils an einer Personengesellschaft ist dem anteiligen Erwerb der vorhandenen Vermögensgegenständen und Schulden gleichgestellt. Durch die Regelungen der Ergänzungsbilanz wird steuerlich sichergestellt, dass für jeden Gesellschafter seine individuellen Anschaffungskosten in der Gewinnermittlung berücksichtigt werden.

Sonderbilanzen beinhalten Vermögensgegenstände und Schulden, die der Gesellschaft durch ihre Gesellschafter zur Verfügung gestellt werden (Sonderbilanz I). Des Weiteren werden in der Sonderbilanz Vermögensgegenstände ausgewiesen, die der Beteiligung an der Gesellschaft dienen (Sonderbilanz II). Das sogenannte Sonderbetriebsvermögen gehört nicht der Personengesellschaft sondern dem jeweiligen Gesellschafter. Ein Beispiel für Sonderbetriebsvermögen I ist ein Grundstück, das die Personengesellschaft vom Gesellschafter mietet. Ein Beispiel für Sonderbilanzvermögen II ist ein Darlehen zur Finanzierung der Beteiligung. In beiden Fällen erzielt der Gesellschafter Sonderbetriebseinnahmen, während im Gesamthandsvermögen Aufwendungen gebucht werden.

---

[81] Meyer, Loitz, Quella, Zerwas in Latente Steuern, Rz. 104, S. 106.

[82] Vgl. Kirsch in DStZ 2003, S. 332 f.

Die Mitunternehmerschaft ist nur Steuersubjekt in der **Gewerbesteuer**.[83] Unter Berücksichtigung der gewerbesteuerlichen Hinzurechnungen[84] und Kürzungen[85] bildet der Gesamtgewinn[86] einer Mitunternehmerschaft die Grundlage für die Ermittlung der für einen Besteuerungszeitraum festzusetzenden Gewerbesteuer. Der **Einkommen- oder Körperschaftsteuer** unterliegen die Gewinnanteile hingegen erst auf der Ebene des einzelnen Mitunternehmers. Der einzelne **Mitunternehmer** ist somit Steuersubjekt. Einkommensteuer fällt an, wenn der Mitunternehmer eine natürliche Person ist; Körperschaftsteuer bei einer juristischen Person als Mitunternehmer. Die Literatur bezeichnet die Mitunternehmerschaft als steuerlich transparent.[87]

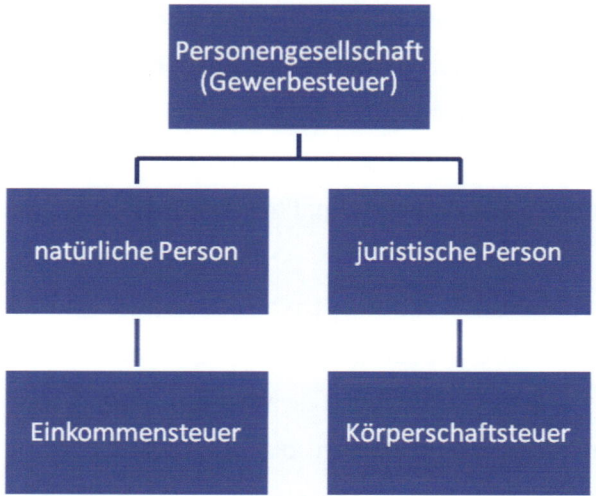

ABBILDUNG 5: STEUERSUBJEKTE EINER PERSONENHANDELSGESELLSCHAFT

Die Ergebnisanteile aus Mitunternehmerschaften werden dem zu versteuernden Einkommen als Bemessungsgrundlage für die Einkommen- oder Körperschaftsteuer auf Gesellschafterebene hinzugerechnet.

---

[83] § 5 Abs. 1 GewStG.

[84] § 8 GewStG.

[85] § 9 GewStG.

[86] § 7 GewStG.

[87] Vgl. Fülbier/Mages in KoR 2007, S. 70.

2. ANWENDUNG DES § 274 HGB BEI PERSONENGESELLSCHAFTEN

Die Vorschriften zu den latenten Steuern sind grundsätzlich nur für Kapitalgesellschaften anzuwenden, da sie in den §§ 264 - 335b HGB geregelt sind. Diese Vorschriften beinhalten ergänzende Vorschriften für Kapitalgesellschaften (Aktiengesellschaften, Kommanditgesellschaften auf Aktien und Gesellschaften mit beschränkter Haftung) aber auch für bestimmte Personenhandelsgesellschaften. Bestimmte Personengesellschaften sind nach § 264a Abs. 1 HGB offene Handelsgesellschaften und Kommanditgesellschaften, bei denen nicht wenigstens ein persönlich haftender Gesellschafter eine natürliche Person oder eine offene Handelsgesellschaft, Kommanditgesellschaft oder andere Personengesellschaft mit einer natürlichen Person als persönlich haftendem Gesellschafter ist oder sich die Verbindung von Gesellschaften in dieser Art fortsetzt. Das typische Praxis-Beispiel einer solchen Gesellschaft ist die GmbH & Co. KG. „Normale" Personenhandelsgesellschaften sind jedoch nicht daran gehindert, die Vorschriften des § 274 HGB freiwillig anzuwenden. Im Falle von Personenhandelsgesellschaften, die nicht dem Publizitätsgesetz unterliegen, setzt dies nicht voraus, dass gleichzeitig sämtliche anderen nur für Kapitalgesellschaften geltenden Vorschriften angewendet werden müssen.[88]

§ 274a Nr. 5 HGB n.F. schränkt den Anwendungsbereich der Steuerabgrenzung auf mittelgroße und große Kapitalgesellschaften –und hinsichtlich der Gewerbesteuer– auf entsprechende Personengesellschaften nach § 264a HGB[89] ein. Damit sind latente Steuern bezogen auf Personengesellschaften nur bei mittelgroßen und großen § 264a-HGB-Gesellschaften zwingend anzusetzen. Darüber hinaus ist die freiwillige Anwendung für „normale" Personenhandelsgesellschaften möglich.[90]

---

[88] Vgl. IDW ERS HFA 27 in IDW Fachnachrichten Nr. 7/2009 S. 341, Rz. 19.

[89] GmbH & Co. KG und ähnliche.

[90] Vgl. IDW ERS HFA 27 in IDW Fachnachrichten Nr. 7/2009, S. 341, Rz. 19.

Die folgende Abbildung verdeutlicht die Auswirkungen der Rechtsform und Größenklasse auf die Anwendung des § 274 HGB:

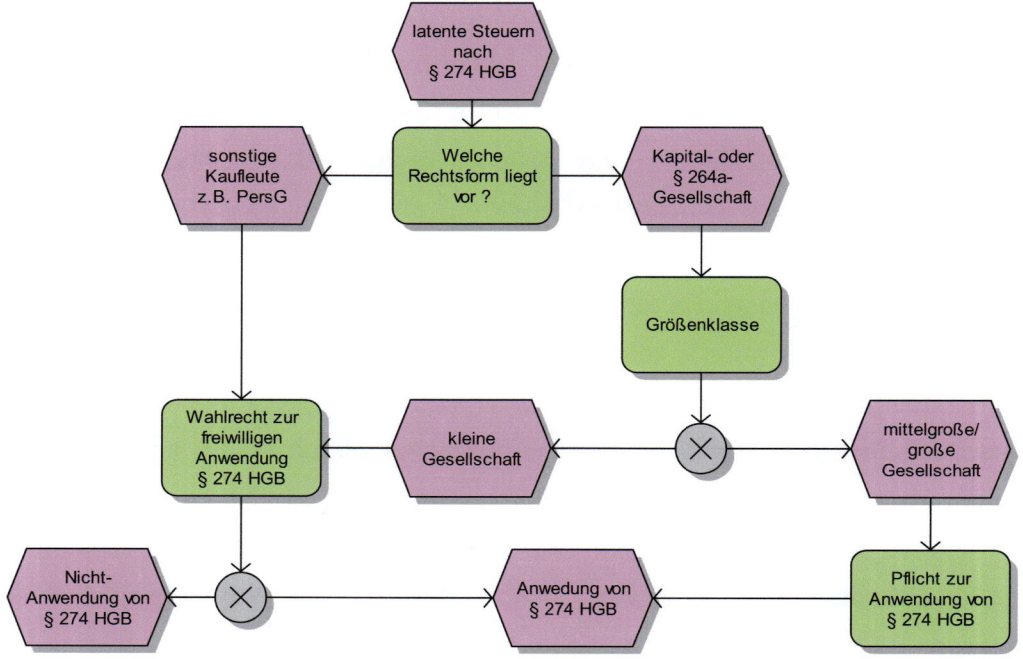

ABBILDUNG 6: ANWENDUNG § 274 HGB JE NACH RECHTSFORM UND GRÖßENKLASSE[91]

Wird § 274 HGB n.F. von Personengesellschaften nicht freiwillig angewendet, erfolgt kein Ansatz von aktiven latenten Steuern. Allerdings können im Einzelfall die Voraussetzungen für eine Rückstellung nach § 249 Abs. 1 HGB n.F. vorliegen. In diesem Fall fließen sowohl aktive Latenzen als auch Verlustvorträge in die Rückstellungsbewertung mit ein, da nur insoweit eine ungewisse Verbindlichkeit vorliegt. Quasi-permanente Differenzen werden nicht berücksichtigt, da lt. Regierungsentwurf kein Schuldcharakter vorliegt. Die Bewertung erfolgt nach § 253 Abs. 1 S. 2 HGB n.F. mit dem Erfüllungsbetrag. Es ist also der Steuersatz bei voraussichtlicher Realisierung anzusetzen.[92]

---

[91] Die Erläuterungen zum EPK-Modell finden Sie im Anhang 8 Erläuterung der EPK-Darstellungen.

[92] Vgl. Ernst/Naumann in Das neue Bilanzrecht S. 152.

Selbst wenn die Befreiung in Anspruch genommen wird, haben Personenhandelsgesellschaften evtl. trotzdem eine Passivierungspflicht aus passiven latenten Steuern. Nach § 249 Abs. 1 S. 1 HGB könnten die Voraussetzungen zum Ansatz einer Rückstellung vorliegen. Dies gilt u.a. für zeitlich begrenzte Differenzen aufgrund der Aktivierung selbst geschaffener immaterieller Vermögensgegenstände (Deckungsvermögen i.S.d. § 246 Abs. 1 S. 1 HGB) und des Wegfalls der umgekehrten Maßgeblichkeit (Sonderabschreibungen, steuerfreie Rücklagen). Dabei wirken aktive Latenzen und Vorteile aus steuerlichen Verlustvorträgen ebenso rückstellungsmindernd wie beim Ansatz nach § 274 HGB. Für quasi-permanente Differenzen sind aber nach den allgemein für Rückstellungen geltenden Grundsätzen keine latenten Steuern zu bilden.[93]

3. BESONDERHEITEN BEI LATENTEN STEUERN

Neben den allgemeinen Grundsätzen für die Abgrenzung latenter Steuern müssen bei Personenhandelsgesellschaften die vorstehend dargestellten steuerlichen Besonderheiten berücksichtigt werden.

3.1 STEUERBELASTUNG VON PERSONENHANDELSGESELLSCHAFTEN

Auf Ebene der Gesellschaft wird nur eine Abgrenzung der latenten **Gewerbesteuer** vorgenommen. Die Bewertung der temporären Differenzen erfolgt anhand folgender Nominalsteuersätze:

Hebesatz	Nominalsteuersatz
380 %	13,30 %
400 %	14,00 %
410 %	14,35 %
420 %	14,70 %
450 %	15,75 %

TABELLE 7: NOMINALE GEWERBESTEUERSÄTZE

---

[93] Vgl. IDW ERS HFA 27 in IDW Fachnachrichten Nr. 7/2009 S. 341, Rz. 20.

Die Nominalsteuersätze ab 2008 werden nach der Formel Gewerbesteuermesszahl 3,5%[94] x Hebesatz ermittelt.

Zugleich bilden diese Steuersätze die Grundlage bei der Bewertung eines auf der Personengesellschaftebene entstandenen Verlustvortrags. Für Zwecke der Werthaltigkeitsprüfung der Verlustvorträge sind die Ergebnisbeiträge aus dem Ergänzungsbereich mit zu berücksichtigen. Darüber hinaus muss bei der **Prognoserechnung** berücksichtigt werden, dass ein gewerbesteuerlicher Verlustvortrag anteilig untergeht, soweit ein Mitunternehmer aus der Gesellschaft ausscheidet oder die Unternehmensidentität verlorengeht.[95]

Die Gewerbesteuer ist seit dem Unternehmenssteuerreformgesetz nach § 4 Abs. 5b EStG nicht mehr als Betriebsausgabe abziehbar. Trotz des Abzugsverbotes ist die Bildung der **Gewerbesteuerrückstellung** in der Steuerbilanz zulässig. Die Auffassung der OFD beruht auf dem Gedanken, dass die Gewerbesteuer trotz des Abzugsverbotes eine Betriebsausgabe bleibt, wenngleich auch eine *nicht abziehbare Betriebsausgabe*. Die Gewinnminderung durch die Rückstellung ist außerhalb der Steuerbilanz (in der Steuererklärung) zu korrigieren. Für die Ermittlung der Gewerbesteuerrückstellung ist deshalb auch die sog. 5/6-Regelung nicht mehr anzuwenden.[96]

---

[94] Die Steuermesszahl für den Gewerbeertrag beträgt ab 2008 nach § 11 Abs. 2 GewStG gesellschaftsformunabhängig einheitlich 3,5 Prozent.

[95] Vgl. § 10a GewStG, A 67 f. GewStR.

[96] Vgl. Verfügung der OFD Rheinland vom 05.05.2009, S. 2.137 - 2009/0006 - St 141 (SAAAD-21120).

3.2 EINFLUSS ERGÄNZUNGSBILANZEN

Die Einbeziehung von Ergänzungsbilanzen bei der Durchführung des Bilanzvergleiches wird in der Literatur überwiegend befürwortet. Die Wertkorrekturen in den Ergänzungsbilanzen beziehen sich auf einen Vermögenswert und beeinflussen so den steuerlich abzugsfähigen Betrag. Außerdem wirken sie sich auf die Höhe der temporären Differenzen aus.[97]

Da die Höhe der Gewerbesteuer auf der Ebene der Personenhandelsgesellschaft durch alle vorhandenen Ergänzungsbilanzen beeinflusst wird, sind alle Ergänzungsbilanzen für gewerbesteuerliche Zwecke in die Abgrenzung latenter Steuern einzubeziehen.

3.3 EINFLUSS SONDERBILANZEN

Für die Abgrenzung von latenten Steuern wird die Einbeziehung von Sonderbetriebsvermögen überwiegend abgelehnt.[98] Die betreffenden Vermögensgegenstände stehen zivilrechtlich im Eigentum der Gesellschafter und damit haben diese meistens auch das wirtschaftliche Eigentum[99] inne. Steuerlich wird das Sonderbetriebsvermögen dennoch der Personengesellschaft zugeordnet. Rein mathematisch ergibt sich in diesen Fällen also eine Bilanzdifferenz, da Sonderbetriebsvermögen nicht in der Handelsbilanz ausgewiesen wird. Die sich bei einem Vergleich von Handelsbilanz und Steuerbilanz (inklusive Sonderbilanzen) ergebenden Differenzen sind auf eine abweichende Vermögenszuordnung zurückzuführen. Dies spricht zugleich gegen die Annahme einer temporären Differenz, da sich die Vermögensgegenstände nur in der steuerlichen Gewinnermittlung aber nie in der Handelsbilanz auswirken. Entsprechend kommt es in Einzelabschluss der Personenhandelsgesellschaft zu keiner Bilanzierung latenter Steuern.

---

[97] Schulz-Danso in Beck'sches IFRS Handbuch, § 25 Rz. 72 ff.

[98] Schulz-Danso in Beck'sches IFRS Handbuch, § 25 Rz 71.

[99] Grundlage für die Bestimmung des wirtschaftlichen Eigentums sind die in § 39 Abs. 2 Nr. 1 S. 1 AO genannten Kriterien.

BEISPIEL 7: ABSCHLIEßENDES BEISPIEL

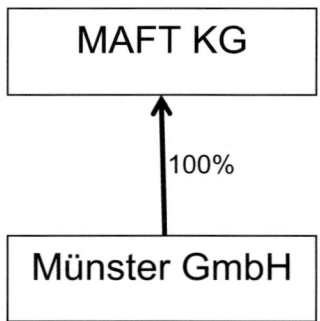

Die Bilanz der MAFT KG enthält als einzigen Vermögensgegenstand eine Maschine. Beim Kauf der Anteile in 2009 wurden stille Reserven in der Maschine aufgedeckt, welche steuerlich in der Ergänzungsbilanz der Münster GmbH angesetzt wurden. Die Nutzungsdauer der Maschine ist nach dem Handelsrecht länger als nach dem Steuerrecht. Der Steuersatz der KG beträgt bei einem idealtypischen Gewerbesteuerhebesatz von 400 % nach der oben genannten Formel 14 %. Der Gesamtsteuersatz der GmbH beträgt 30% (GewSt: 14 %, KSt inkl. SolZ 16%).

Zum 31.12.2010 sehen die Bilanzen wie folgt aus:

Handelsbilanz zum 31.12.2010

Aktiva	der MAFT KG		Passiva
Maschine	600.000	Eigenkapital	600.000
	600.000		600.000

Steuerbilanz zum 31.12.2010

Aktiva	der MAFT KG		Passiva
Maschine	200.000	Eigenkapital	200.000
	200.000		200.000

Ergänzungsbilanz zum 31.12.2010

Aktiva	der Münster GmbH		Passiva
Maschine	100.000	Eigenkapital	100.000
	100.000		100.000

ABBILDUNG 7: BEISPIELBILANZEN ZUM 31.12.2010

Latente Steuern resultieren im vorliegenden Beispiel aufgrund der unterschiedlichen Abschreibungsdauern der Maschine nach HGB und nach Steuerrecht. In den Bilanzvergleich zur Ermittlung der temporären Differenzen ist neben der Gesamthandsbilanz auch die Ergänzungsbilanz einzubeziehen. Insofern besteht eine zu versteuernde temporäre Differenz i.H.v. 300.000 €:

Handelsbilanz	600.000
./. Steuerbilanz	-200.000
./. Ergänzungsbilanz	-100.000
Differenz	300.000

Im HGB-Einzelabschluss der Personenhandelsgesellschaft ist eine passive latente Steuer i.H.v. 42.000 € (300.000 € x 14 %) zu bilanzieren

Die HGB-Bilanz sieht nach der Berechnung der latenten Steuern wie folgt aus:

Handelsbilanz zum 31.12.2010

Aktiva		der MAFT KG	Passiva
Maschine	600.000	Eigenkapital	558.000
			42.000
	600.000		600.000

ABBILDUNG 8: BEISPIELBILANZEN MIT LATENTER STEUER

Durch die Ergebniszurechnung auf der Grundlage der einheitlichen und gesonderten Gewinnfeststellung wirkt sich die temporäre Differenz auch bei der **Münster GmbH** in Form der Körperschaftsteuer aus. Entsprechend muss in der Bilanz der Münster GmbH eine passive latente Steuer i.H.v. 48.000 € (300.000 € x 16 %) bilanziert werden.

E. FAZIT

Im Vergleich zum bisherigen timing-Konzept sieht das **temporary-Konzept** eine umfassendere Steuerabgrenzung vor, da nun auch quasi-permanente und erfolgsneutrale Sachverhalte abzugrenzen sind. In Bezug auf die Vorgehensweise ist zukünftig eine aufwendigere **Bilanzpostenbetrachtung** durch einen Vergleich der Wertansätze in der Handels- und Steuerbilanz vorzunehmen. Dadurch wird in praktischer Hinsicht der Erfassungs- und Dokumentationsaufwand der latenten Steuern erheblich zunehmen. Personengesellschaften unterliegen aber nur in Ausnahmefällen zwingend den latenten Steuern. Nur mittelgroße und große haftungsbeschränkte Personengesellschaften sind verpflichtet, latente Steuern auszuweisen. Kleine haftungsbeschränkte sowie nicht haftungsbeschränkte Personengesellschaften dürfen freiwillig die Vorschrift § 274 HGB anwenden. Insoweit ist eine Deregulierung gelungen. Eine Personengesellschaft ist nur mit der Gewerbesteuer belastet. Infolgedessen wird auch nur diese Steuer für die Bewertung der latenten Steuern herangezogen. Insoweit ist die Bedeutung von latenten Steuern gegenüber Kapitalgesellschaften weitaus geringer.

Die Zielsetzung des BilMoG, eine Anpassung an internationale Rechnungslegung nach IFRS zu erreichen, ist sicherlich durch die Umstellung auf das bilanzorientierte Ermittlungsverfahren (**liability-Methode**) erreicht worden. Auch die Entstrickung der Handelsbilanz von Einflüssen aus der Steuerbilanz ist durch den Wegfall der umgekehrten Maßgeblichkeit gelungen. Abschließend kann für den Bereich latente Steuern bei Personengesellschaften eine gute Umsetzung der Zielsetzungen des BilMoG bestätigt werden.

Osnabrück, 12.08.2009

Diplom-Betriebswirt (FH)
Sven Braun
Steuerberater

LITERATURVERZEICHNIS

Bücher:

- Baetge/Kirsch/Thiele - Bilanzen, 8., wesentlich überarbeitete Auflage (2005), IDW-Verlag; ISBN 978-3-802-11206-5
- Coenenberg - Jahresabschluss und Jahresabschlussanalyse, 20., überarbeitete Auflage (2005), Schäffer-Poeschel; ISBN 978-3-791-02378-6
- *Kessler/Leinen/Strickmann* – Bilanzrechtsmodernisierungsgesetz (BilMoG – RegE) – Die neue Handelsbilanz; 1. Auflage (2008); Haufe-Verlag; ISBN 978-3-448-07498-7
- *Schmiel/Breithecker* – Steuerliche Gewinnermittlung nach dem Bilanzrechtsmodernisierungsgesetz; 1. Auflage (2008); ESV Erich Schmidt Verlag; ISBN 978-3-503-11027-8
- *Petersen/Zwirner* – BilMoG – Gesetze, Materialien, Erläuterungen; 1. Auflage (2009); C.H.Beck Verlag; ISBN 978-3-406-58457-2
- *Prof. Dr. Klaus Hahn* – BilMoG Kompakt – Rechnungslegung nach dem neuen Bilanzrechtsmodernisierungsgesetz, Leitfaden für die Praxis, Systematische Darstellung des neuen deutschen Bilanzrechts; 1. Auflage (2009); HDS Verlag; ISBN 978-3-981-13154-3
- *Karlheinz Küting/Norbert Pfitzer/Claus-Peter Weber* – Das neue deutsche Bilanzrecht – Handbuch zur Anwendung des Bilanzrechtsmodernisierungsgesetzes (BilMoG), 2., aktualisierte Auflage (2009); Ernst & Young, Schäfer Poeschel Verlag; ISBN 978-3-7910-2914-6
- *Marco Meyer/Rüdiger Loitz/Jerome-Oliver Quella/Peter Zerwas* – Latente Steuern – Bewertung, Bilanzierung, Beratung; Reihe Steuerpraxis; 1. Auflage (2009); Gabler-Verlag, Wiesbaden; ISBN 978-3-8349-0655-7
- *Prof. Dr. Carsten Theile* – Bilanzrechtsmodernisierungsgesetz – konsolidierte Textfassung, Kommentierung des Jahresabschlusses, Kommentierung des Konzernabschlusses; 2. Auflage (2009); nwb-Verlag, Bochum, ISBN 978-3-482-57562-4

Artikel:

- Bilanzrechtsmodernisierungsgesetz: Ziele erreicht ?;
  Prof. Dr. Norbert Winkeljohann, WP/StB;
  Betriebsberater 2009 von 27.05.2009

- Bilanzierung latenter Steuern bei Organschaften nach dem BilMoG;
  Dipl.-Volksw. Jürgen Dahlke, WP/StB;
  Betriebsberater 2009 S. 878 – 882

- Bewertungseinheiten nach dem BilMoG;
  Dr. Martin Schmidt;
  Betriebsberater 2009, S. 882 – 886

- Pflichten des Prüfungsausschusses nach dem BilMoG;
  Georg Lanfermann, WP/StB / Victoria Röhricht, Rain;
  Betriebsberater 2009 S. 887 – 891

- Latente Steuern nach der neu gefaßten Richtlinie IAS 12;
  StB Prof. Dr. Adolf G. Coenenberg / WP/StB Dr. Klaus Hille, beide Augsburg;
  Der Betrieb Heft 11 vom 14.03.1997, S. 537 – 544

- Das Bilanzrechtsmodernisierungsgesetz (BilMoG): Handelsrechtliche GoB vor
  der Neuinterpretation;
  StB Prof. Dr. Rolf Füllbier, Vallendar/Prof. Dr. Joachim Gassen, Berlin;
  Der Betrieb Heft 48 vom 30.11.2007, S. 2.605 – 2.612

- Auswirkungen des geplanten Gesetzes zur Modernisierung des Bilanzrechts
  (BilMoG) auf Pensionsverpflichtungen;
  Prof. Dr. Raimund Rhiel / RA Annekatrin Veit, München;
  Der Betrieb Heft 5 vom 01.02.2008, S. 193 – 196

- Behandlung von Forschungs- und Entwicklungskosten nach HGB und IFRS
  unter Berücksichtigung der durch das BilMoG geplanten Änderungen;
  *Dipl.-Kfm. Dipl.-BW (BA) Niels-Frithjof Henckel / WP/StB/CPA Thomas Lüdke,
  Frankfurt/M;*
  Der Betrieb Heft 5 vom 01.02.2008, S. 196 - 199

- Modernisierung der HGB-Bilanzierung – Einführung, Überblick und ausgewählte
  kritische Diskussionsbeiträge zum Referentenentwurf eines
  Bilanzrechtsmodernisierungsgesetzes (BilMoG);
  KPMG Deutsche Treuhand-Gesellschaft Aktiengesellschaft

Wirtschaftsprüfungsgesellschaft: *Prof. Dr. Wienand Schruff / Dr. Winfried Melcher;*

Der Betrieb Beilage zu Heft 7 vom 15.02.2008, S. 1 – 3

- Zum Referentenentwurf eines Bilanzrechtsmodernisierungsgesetzes (BilMoG): Einführung und Überblick;
  WP/StB/CPA Prof. Dr. Holger Erchinger / WO/StB/CPA Wolfgang Wendholt;
  Der Betrieb Beilage zu Heft 7 vom 15.02.2008, S. 4 – 6

- Zum Referentenentwurf eines Bilanzrechtsmodernisierungsgesetzes (BilMoG): Erste Würdigung ausgewählter konzeptioneller Fragen;
  WP/StB Dr. Bernd Stibi / WP/CPA Dr. Markus Fuchs;
  Der Betrieb Beilage zu Heft 7 vom 15.02.2008, S. 6 – 13

- Zum Referentenentwurf eines Bilanzrechtsmodernisierungsgesetzes (BilMoG): Wirtschaftliche Zurechnung von Vermögensgegenständen und Schulden sowie Erträgen und Aufwendungen;
  WP/StB/CPA Dr. Erhard Kühne / WP Gerold Keller;
  Der Betrieb Beilage zu Heft 7 vom 15.02.2008, S. 13 – 15

- Zum Referentenentwurf eines Bilanzrechtsmodernisierungsgesetzes (BilMoG): Die Bilanzierung selbst geschaffener immaterieller Vermögensgegenstände und der Aufwendungen für Ingangsetzung des Geschäftsbetriebs;
  WP/StB Wolfgang Laubach / WP/StB Silvia Kraus;
  Der Betrieb Beilage zu Heft 7 vom 15.02.2008, S. 16 – 19

- Zum Referentenentwurf eines Bilanzrechtsmodernisierungsgesetzes (BilMoG): Vom Niederstwert- zum Impairment-Test? Die wesentlichen BilMoG-Änderungen bei außerplanmäßiger Abschreibungen und Wertaufholungen;
  WP Dr. Oliver Beyhs / WP/StB Dr. Winfried Melcher;
  Der Betrieb Beilage zu Heft 7 vom 15.02.2008, S. 19 – 23

- Zum Referentenentwurf eines Bilanzrechtsmodernisierungsgesetzes (BilMoG): Zeitwertbilanzierung von zu Handelszwecken erworbenen Finanzinstrumenten;
  WP Andreas Klaus / WP/StB/CPA Jürgen Pelz;
  Der Betrieb Beilage zu Heft 7 vom 15.02.2008, S. 24 – 26

- Zum Referentenentwurf eines Bilanzrechtsmodernisierungsgesetzes (BilMoG): Bilanzielle Abbildung von Bewertungseinheiten;
  WP Gero Wiechens / WP Iris Helke;
  Der Betrieb Beilage zu Heft 7 vom 15.02.2008, S. 26 – 29

- Zum Referentenentwurf eines Bilanzrechtsmodernisierungsgesetzes (BilMoG): Pflicht zur Verrechnung von bestimmten Vermögensgegenständen mit Schulden – Einfügung von § 246 Abs. 2 S. 2 und 3 HGB-E;
  WP/StB/RA Dr. Christof Hasenburg / WP/StB/RA Raphael Hausen;
  Der Betrieb Beilage zu Heft 7 vom 15.02.2008, S. 29 – 35

- Zum Referentenentwurf eines Bilanzrechtsmodernisierungsgesetzes (BilMoG): Ansatz und Bewertung von Rückstellungen;
  WP/StB Andrea Drinhausen / Dr. Ingo Dehmel;
  Der Betrieb Beilage zu Heft 7 vom 15.02.2008, S. 35 – 40

- Zum Referentenentwurf eines Bilanzrechtsmodernisierungsgesetzes (BilMoG): Steuerliche Auswirkungen;
  StB Oliver Dörfler / StB Dr. Gerrit Adrian;
  Der Betrieb Beilage zu Heft 7 vom 15.02.2008, S. 44 – 49

- Zum Referentenentwurf eines Bilanzrechtsmodernisierungsgesetzes (BilMoG): Bilanzierung von latenten Steuern im Einzel- und Konzernabschluss;
  WP/StB/CPA Wolfgang Wendholt / WP/StB Michael Wesemann;
  Der Betrieb Beilage zu Heft 7 vom 15.02.2008, S. 49 – 52

- Zum Referentenentwurf eines Bilanzrechtsmodernisierungsgesetzes (BilMoG): Neuerungen im Hinblick auf die Abschlussprüfung und die Einrichtung eines Prüfungsausschusses;
  WP/StB/CPA Prof. Dr. Holger Erchinger / WP/StB Dr. Winfried Melcher;
  Der Betrieb Beilage zu Heft 7 vom 15.02.2008, S. 56 – 60

- Auswirkungen des Bilanzrechtsmodernisierungsgesetzes (BilMoG) auf die Bilanzpolitik;
  Prof. *Dr. Kurt Göllert, Worms*;
  Der Betrieb Heft 22 vom 30.05.2008, S. 1.165 – 1.171

- Steuerliche Konsequenzen des Regierungsentwurfs zum BilMoG;
  WP/StB Prof. Dr. Norbert Herzig, Köln;
  Der Betrieb Heft 25 vom 20.06.2008; S. 1.339 – 1.345

- Latente Steuern nach dem Bilanzrechtsmodernisierungsgesetz (BilMoG) – Nachbesserungen als Verbesserungen?;
  WP/StB/CPA Dr. Rüdiger Loitz, Düsseldorf;
  Der Betrieb Heft 26 vom 27.06.2008, S. 1.389 – 1.395

- Aktivierungspflicht für selbsterstellte immaterielle Anlagewerte?;
  Prof. Dr. Dr. h.c. mult. Adolf Moxter, Bad Soden;
  Der Betrieb Heft 28/29 vom 18.07.2008, S. 1.514 – 1.517

- Bilanzierung sonstiger Rückstellungen nach dem BilMoG-Regierungsentwurf;
  Prof. Dr. Carsten Theile / MSc Melanie Stahnke, Bochum;
  Der Betrieb Heft 33 vom 15.08.2008, S. 1.757 – 1.760

- Das Ende der Einheitsbilanz – Abweichungen zwischen Handels- und
  Steuerbilanz nach BilMoG-RegE;
  WP/StB Prof. Dr. Norbert Herzig/Dr. Simone Briesemeister, Köln;
  Der Betrieb Heft 01/02 vom 09.01.2009, S. 1 – 11

- Bilanzierung von Ertragsteuern in deutschen Organschaften nach IFRS und
  BilMoG;
  *WP/StB/CPA Dr. Rüdiger Loitz / Dipl.-Kfm. (FH) Lars Klevemann, beide
  Düsseldorf;*
  Der Betrieb Heft 9 vom 27.02.2008, S. 409 - 418

- Die Modernisierung des deutschen Handelsbilanzrechts durch das BilMoG:
  Wesentliche Alt- und Neuregelungen im Überblick
  Prof. Dr. Henning Zülch / Sebastian Hoffmann, Leipzig;
  Der Betrieb Heft 15 vom 10.04.2009 S. 745 – 752

- Latente Steuern nach dem Bilanzrechtsmodernisierungsgesetz (BilMoG) – ein
  Wahlrecht als Mogelpackung;
  Dr. Rüdiger Loitz, Düsseldorf;
  Der Betrieb Heft 18 vom 01.05.2009, S. 913 – 921

- Die Ungereimtheiten der Regelungen zu latenten Steuern im neuen Bilanzrecht;
  Prof. Dr. Karlheinz Küting / Dipl.-Kfm. Christoph Seel, Saarbrücken;
  Der Betrieb Heft 18 vom 01.05.2009, S. 922 – 931

- Steuerliche Konsequenzen der Bilanzrechtsmodernisierung für Ansatz und
  Bewertung;
  WP/StB Prof. Dr. Norbert Herzig / Dr. Simone Briesemeister, Köln;
  Der Betrieb Heft 19 vom 08.05.2009 S. 976 – 981

- Übergangsvorschriften zur Anwendung der geänderten Regelungen des
  BilMoG – Bilanzpolitische Implikationen des Übergangs auf das neue
  Bilanzrecht;
  StB Dr. Christian Zwirner / WP/StB Kai Peter Künkele;
  Der Betrieb Heft 21 vom 22.05.2009, S. 1.081 – 1.136

- Bilanzierung von latenten Steuern im Einzel- und Konzernabschluss;
  WP/StB/CPA Wolfgang Wendholt / WP/StB Michael Wesemann;
  Der Betrieb Beilage 5 zu Heft 23 vom 05.06.2009, S. 64 – 76
- Die langen Schatten der IFRS über der HGB-Rechnungslegung;
  Dr. Dr. Norbert Lüdenbach, Frankfurt a.M. / Prof. Dr. Wolf-Dieter Hoffmann,
  Freiburg i.Br.;
  Beihefter zu **DStR** 2007, Heft 50, S. 3 – 20
- Ausgewählte Änderungen des Jahresabschlusses nach den Referentenentwurf
  eines Bilanzrechtsmodernisierungsgesetzes;
  DStR 1-2/2008 S. 63 – 73
- Bilanzrechtsmodernisierungsgesetz (BilMoG) – die wesentlichen Änderungen
  im Regierungsentwurf;
  Prof. Dr. Claus Meyer, Stuttgart;
  DStR 24/2008 S. 1.153 – 1.155
- Inhaltlicher Schwerpunkte des BilMoG-Regierungsentwurfs;
  Prof. Dr. Wolf-Dieter Hoffmann, Freiburg i.Br. / Dr. Norbert Lüdenbach,
  Frankfurt a.M.,
  Beihefter zu **DStR** 2008, Heft 30, S. 49 – 68
- Rückwirkende Anhebung der Schwellenwerte durch das
  Bilanzrechtsmodernisierungsgesetz;
  IDW Fachnachrichten Nr. 5/2009 S. 254 – 255
- IDW EPS: Entwurf zur Änderung von IDW Prüfungsstandards aufgrund des
  Bilanzrechtsmodernisierungsgesetz (BilMoG);
  Stand: 29.04.2009;
  IDW-Fachnachrichten Nr. 6/2009 S. 303 – 315
- IDW zu steuerrechtlichen Regelungen des
  Bilanzrechtsmodernisierungsgesetzes;
  IDW-Fachnachrichten Nr. 7/2009 S. 334 – 335
- Entwurf IDW Stellungnahme zur Rechnungslegung:
  Einzelfragen zur Bilanzierung latenter Steuer nach den Vorschriften des HGB in
  der Fassung des Bilanzrechtsmodernisierungsgesetzes (IDW ERS HFA 27);
  Stand: 29.05.2009;
  IDW-Fachnachrichten Nr. 7/2009 S. 337 – 344

- Neuregelungen durch das Bilanzrechtsmodernisierungsgesetz – Synoptische Gegenüberstellung ausgewährter gesetzlicher Regelungen des alten und des neuen deutschen Bilanzrechts;
  WP/StB Achim Dörner / B.A. Mitar Visac;
  IRZ 2009 S. 191 – 199

- Der Konzernrechnungslegung im Lichte des BilMoG-Auswirkungen der verabschiedeten Änderungen;
  Dipl.-Kfm. WP/StB Karl Petersen / Dipl.-Kfm. StB Dr. Christian Zwirner, München;
  StuB Nr. 9 vom 08.05.2009 S. 335 - 342

- Zur Reform des Prüfungsausschusses post BilMoG
  Dr. Patrick Velte, Hamburg;
  StuB Nr. 9 vom 08.05.2009 S. 342 – 350

- Von der Steuerabgrenzung zur Bilanzierung latenter Steuern - die Neuregelung der Bilanzierung latenter Steuerzahlungen nach dem Entwurf des Bilanzrechtsmodernisierungsgesetz (BilMoG);
  Prof. Dr. Holger Karrenbrock;
  WPg 08/2008 S. 328-337

- Mit dem Bilanzrechtsmodernisierungsgesetz zurück in die Zukunft – was wird aus Kapitalerhaltung und Besteuerung?;
  Prof. Dr. Stefan Rammert und Dr. Angelika Thies;
  WPg 01/2009 S. 34 - 46

- BilMoG und IFRS im Wettlauf um die Konsolidierung von Zweckgesellschaften;
  Prof. Dr. Wiemand Schruff;
  WPg 08/2009 S. 1

- Änderungen des Bilanzrechts durch das Bilanzrechtsmodernisierungsgesetz (BilMoG);
  WP/StB Dr. Peter Oser / WP/StB Dr. Norbert Roß / WP/StB Dr. Dominic Wader / WP/StB Steffen Drögemüller;
  WPg 11/2009 S. 573 – 583

- Aktuelles Stichwort; BilMoG verkündet;
  WPg 12/2009 S. 62

- Die Bilanzierung ausschüttungs- und abführungsgesperrter Beträge im handelsrechtlichen Jahresabschluss nach dem BilMoG;
  Dr. Hans Friedrich Gelhausen und Frank Althoff;
  WPg 12/2009 S.629 – 635

ANHANG

1. § 274 HGB N.F.

(1) [1]Bestehen zwischen den handelsrechtlichen Wertansätzen von Vermögensgegenständen, Schulden und Rechnungsabgrenzungsosten und ihren steuerlichen Wertansätzen Differenzen, die sich in späteren Geschäftsjahren voraussichtlich abbauen, so ist eine sich daraus insgesamt ergebende Steuerbelastung als passive latente Steuern (§ 266 Abs. 3 E.) in der Bilanz anzusetzen. [2]Eine sich daraus ergebende Steuerentlastung kann als aktive latente Steuern (§ 266 Abs. 2 D.) in der Bilanz angesetzt werden. [3]Die sich ergebende Steuerbe- und die sich ergebende Steuerentlastung können auch unverrechnet angesetzt werden. [4]Steuerliche Verlustvorträge sind bei der Berechnung aktiver latenter Steuern in Höhe der innerhalb der nächsten fünf Jahre zu erwartenden Verlustverrechnung zu berücksichtigen.

(2) [1]Die Beträge der sich ergebenden künftigen Steuerbe- und –entlastung sind mit den unternehmensindividuellen Steuersätzen im Zeitpunkt des Abbaus der Differenzen zu bewerten und nicht abzuzinsen. [2]Die ausgewiesenen Posten sind aufzulösen, sobald die Steuerbe- oder -entlastung eintritt oder mit ihr nicht mehr zu rechnen ist. [3]Der Aufwand oder Ertrag aus der Veränderung bilanzierter latenter Steuern ist in der Gewinn- und Verlustrechnung gesondert unter dem Posten „Steuern vom Einkommen und Ertrag" auszuweisen.

2. § 274 HGB A.F.

(1) [1]Ist der dem Geschäftsjahr und früheren Geschäftsjahren zuzurechnende Steueraufwand zu niedrig, weil der nach den steuerrechtlichen Vorschriften zu versteuernde Gewinn niedriger als das handelsrechtliche Ergebnis ist, und gleicht sich der zu niedrige Steueraufwand des Geschäftsjahrs und früherer Geschäftsjahre in späteren Geschäftsjahren voraussichtlich aus, so ist in Höhe der voraussichtlichen Steuerbelastung nachfolgender Geschäftsjahre eine Rückstellung nach § 249 Abs. 1 S. 1 zu bilden und in der Bilanz oder im Anhang gesondert anzugeben. [2]Die Rückstellung ist aufzulösen, sobald die höhere Steuerbelastung eintritt oder mit ihr voraussichtlich nicht mehr zu rechnen ist.

(2) [1]Ist der dem Geschäftsjahr und früheren Geschäftsjahren zuzurechnende Steueraufwand zu hoch, weil der nach den steuerrechtlichen Vorschriften zu versteuernde Gewinn höher als das handelsrechtliche Ergebnis ist, und gleicht sich der zu hohe Steueraufwand des Geschäftsjahrs und früherer Geschäftsjahre in späteren Geschäftsjahren voraussichtlich aus, so darf in Höhe der voraussichtlichen Steuerentlastung nachfolgender Geschäftsjahre ein Abgrenzungsposten als Bilanzierungshilfe auf der Aktivseite der Bilanz gebildet werden. [2]Dieser Posten ist unter entsprechender Bezeichnung gesondert auszuweisen und im Anhang zu erläutern. [3]Wird ein solcher Posten ausgewiesen, so dürfen Gewinne nur ausgeschüttet werden, wenn die nach der Ausschüttung verbleibenden jederzeit auflösbaren Gewinnrücklagen zuzüglich eines Gewinnvortrags und abzüglich eines Verlustvortrags dem angesetzten Betrag mindestens entsprechen. [4]Der Betrag ist aufzulösen, sobald die Steuerentlastung eintritt oder mit ihr voraussichtlich nicht mehr zu rechnen ist.

3. UNTERSCHIEDE ZWISCHEN DEM ALTEN UND DEM NEUEN HGB

Die Unterschiede zwischen altem und neuem Recht werden in folgender Grafik nochmal synoptisch hervorgehoben:

	HGB a.F.	HGB n.F.
Regelung	§ 274	§§ 274, 274a Nr. 5
Ansatzkonzeption	timing-Konzept	temporary-Konzept
Zielsetzung	Abbildung des „richtigen" Steueraufwands	Gewährleistung eines „richtigen" Reinvermögensausweises
Berücksichtigungs-pflichtige Differenzen	timing differences (Entstehung und automatische Umkehrung GuV-wirksam)	temporary differences (timing sowie quasi-permanente Differenzen, deren Realisierung unternehmerischer Disposition bedarf)
Saldierung	Gesamtdifferenzen-betrachtung	Gesamtdifferenzen-betrachtung
Verpflichtungsgrad Ansatz	aktive LS: Wahlrecht passive LS: Pflicht	aktive LS: Wahlrecht passive LS: Pflicht Option: Bruttoausweis
Einbeziehung steuerlicher Verlustvorträge	h.M.: Verzicht der Abgrenzung aktiver LS (aber Einbeziehung in Bewertung einer Rückstellung für passive LS)	Einbeziehung in Berechnung aktiver LS, soweit zu erwartende Verlustverrechnung innerhalb der nächsten 5 Jahre
Bewertung	Steuersatz bei Entstehen der Differenz (Abgrenzungsmethode)	(erwartete) unt.-individuelle Steuersätze bei Realisierung

		(Verbindlichkeitsmethode)
	keine Abzinsung	keine Abzinsung
Ausweis	- Bilanz: aktive LS als eigener Posten, passive LS mit gesondertem Ausweis unter Rückstellungen - GuV: keine Regelung	- Bilanz: aktive und passive LS als eigene Posten GuV: gesonderter Ausweis innerhalb „Steuern vom Einkommen und vom Ertrag"
Auswirkung auf Ausschüttung	Ausschüttungssperre i.H.d. ausgewiesenen aktiven LS abzgl. passiver LS (§ 268 Abs. 8 S. 2 HGB)	Ausschüttungssperre i.H.d. ausgewiesenen aktiven LS abzgl. passiver LS (§ 274 Abs. 2 S. 3 HGB)

TABELLE 8: SYNOPSE LATENTE STEUERN ALT UND NEU[100]

---

[100] Abbildung entnommen aus Ernst/Naumann in Das deutsche Bilanzrecht, S. 152.

4. AUSWIRKUNGEN DER NEUREGELUNGEN DES BILMOG AUF DIE LATENTEN STEUERN[101]

Sachverhalt	Handelsbilanz	Steuerbilanz	Latente Steuern
selbst erstellte immaterielle Vermögensgegenstände des Anlagevermögens	Aktivierungswahlrecht § 248 Abs. 2 HGB	Aktivierungsverbot § 5 Abs. 2 EStG	Passive latente Steuern
Werteverzehr des immateriellen Anlagevermögens	Aktivierungspflicht § 255 Abs. 2 HGB	Aktivierungsverbot § 5 Abs. 2 EStG	Passive latente Steuern
Kosten allg. Verwaltung, Aufwendungen für soz. Leistungen / soz. Einrichtungen / betriebl. Altersvorsorge	Aktivierungswahlrecht § 255 Abs. 2 HGB	Aktivierungswahlrecht R 6.3 Abs. 4 EStR	Aktive[102] oder passive[103] latente Steuern
Verbrauchsfolgeverfahren	Lifo/Fifo § 256 HGB	Lifo § 6 Abs. 1 Nr. 2a EStG, R 6.9 EStR	Aktive oder passive latente Steuern[104]
Abschreibungsmethode	Wahlrecht (linear, leistungsabhängig, degressiv, progressiv) § 253 Abs. 3 HGB	Wahlrecht (linear, leistungsabhängig, degressiv)	Aktive oder passive latente Steuern105

---

[101] Vgl. Küting/Pfitzer/Weber in Das neue deutsche Bilanzrecht, S. 513 - 515.

[102] Aktivierung in der Steuer- aber nicht in der Handelsbilanz.

[103] Aktivierung in der Handels- aber nicht in der Steuerbilanz.

[104] Je nach Preisentwicklung.

[105] Je nach Wahl der Abschreibungsmethoden.

Sachverhalt	Handelsbilanz	Steuerbilanz	Latente Steuern
Erhöhte steuerliche Absetzungen oder Sonderabschreibungen	Verbot[106]	§§ 7c, 7d, 7h, 7i, 7k EStG; §§ 7g, 7f EStG	Aktive oder passive latente Steuern[107]
Sonderposten mit Rücklagenanteil	Passivierungsverbot	Passivierungs-wahlrecht, § 6b EStG	Passive latente Steuern
Bewertung von Pensionsrückstellungen	Berücksichtigung zukünftiger Gehalts- und Rententrends, Abzinsung mit Marktzins § 253 Abs. 1 S. 2, Abs. 2 HGB	Bewertung mit Teilwert, Abzinsung mit 6 % nach § 6a EStG	I.d.R. aktive latente Steuern
Aufwandswirksame Zölle/Verbrauchssteuern bzw. USt auf Anzahlungen	Aktivierungsverbot	Aktivierungspflicht § 5 Abs. 5 S. 2 Nr. 1 und 2 EStG	Aktive latente Steuern
Rückstellungen mit einer Laufzeit > 1 Jahr	Abzinsung mit durchschnittlichem Marktzins der letzen 7 Jahren	Zinssatz 5,5 % § 6 Abs. 1 Nr. 3a	Aktive[108] oder passive[109] latente Steuern

TABELLE 9: AUSWIRKUNGEN DER NEUREGELUNGEN DES BILMOG AUF DIE LATENTEN STEUERN

---

[106] Wegfall der umgekehrten Maßgeblichkeit (§ 5 Abs. 1 S. 2 EStG) mit den Öffnungsklauseln § 247 Abs. 3, § 254, § 273, § 279 Abs. 2 und § 281 HGB a.F.

[107] Je nach Wahl der Abschreibungsmethoden.

[108] Marktzins < 5,5 %.

[109] Marktzins > 5,5 %.

5. ÜBERSICHT ÜBER DIE EINZELNEN ÜBERGANGSVORSCHRIFTEN

Vorschrift	Inhalt
Art. 66 Abs. 1 und 2 EGHGB	Deregulierende Vorschriften mit erstmaliger Anwendung auf Abschlüsse für nach dem 31.12.2007 beginnende Geschäftsjahre Vorschriften, die aus der Umsetzung von EU-Richtlinien[110] resultieren und erstmalig auf Abschlüsse für nach dem 31.12.2008 beginnende Geschäftsjahre anzuwenden sind
Art. 66 Abs. 3 EGHGB	Vorschriften, die unter die verpflichtende erstmalige Regelanwendung auf Abschlüsse für nach dem 31.12.2009 beginnende Geschäftsjahre fallen
Art. 66 Abs. 4 EGHGB	Sonderregelungen hinsichtlich der Anwendung der §§ 324, 340k Abs. 5, 341k Abs. 4 HGB zur Einrichtung eines Prüfungsausschusses, die erstmals ab dem 01.01.2010 anzuwenden sind
Art. 66 Abs. 5 EGHGB	Vorschriften, deren letztmalige Anwendung auf Abschlüsse für vor dem 01.01.2010 beginnende Geschäftsjahre zugelassen ist
Art. 66 Abs. 6 EGHGB	Regelungen betreffend die Änderung des § 335 Abs. 5 HGB
Art. 66 Abs. 7 EGHGB	Sonderregelungen hinsichtlich der Aufhebung des Aktivierungsverbots für nicht entgeltlich erworbene immaterielle Vermögensgegenstände des Anlagevermögens

---

[110] Dabei handelt es sich um die Richtlinie 2006/46/EG des Europäischen Parlaments und des Rates vom 14.06.2006 zur Änderung der Richtlinien des Rates 78/660/EWG über den Jahresabschluss von Gesellschaften bestimmter Rechtsformen, 83/349/EWG über den konsolidierten Abschluss, 86/635/EWG über den Jahresabschluss und den konsolidierten Abschluss von Banken und anderen Finanzinstituten und 91/674/EWG über den Jahresabschluss und den konsolidierten Abschluss von Versicherungsunternehmen, ABIEU Nr. L 224 S. 1 (sog. EU-Abänderungsrichtlinie) und die Richtlinie 2006/43/EG des Europäischen Parlaments und des Rates vom 17.05.2006 über Abschlussprüfungen von Jahresabschlüssen und konsolidierten Abschluss, zur Änderung der Richtlinien 78/660/EWG und 83/249/EWG des Rates und zur Aufhebung der Richtlinie 84/253/EWG des Rates ABIEU Nr. L 157 S. 87 (sog. EU-Abschlussprüferrichtlinie).

Art. 67 Abs. 1 und 2 EGHGB	Sonderregelungen hinsichtlich der geänderten Vorschriften für die Bewertung von Pensionsrückstellungen
Art. 67 Abs. 3 EGHGB	Beibehaltungswahlrecht für Aufwandsrückstellungen gem. § 249 Abs. 1 S. 3 und Abs. 2 HGB a.F. Sonderposten mit Rücklageanteil nach §§ 247 Abs. 3 273 HGB a.F. sowie Rechnungsabgrenzungsposten nach § 250 Abs. 1 S. 2 HGB a.F.
Art. 67 Abs. 4 EGHGB	Fortführungswahlrecht für niedrigere Ansätze von Vermögensgegenständen wegen außerplanmäßiger Abschreibungen gem. §§ 253 Abs. 3 S. 3, 253 Abs. 4 HGB a.F. oder gem. §§ 254, 279 Abs. 2 HGB a.F.
Art. 67 Abs. 5 EGHGB	Fortführungs- bzw. Beibehaltungswahlrecht für nach § 269 HGB a.F. aktivierte Aufwendungen für die Ingangsetzung und Erweiterung des Geschäftsbetriebs sowie die Anwendung der Interessenzusammenführungsmethode nach § 302 HGB a.F.
Art. 67 Abs. 6 EGHGB	Sonderregelungen für Aufwendungen und Erträge aus der erstmaligen Anwendung der §§ 274, 206 HGB (Abgrenzung **latenter Steuern**)
Art. 67 Abs. 7 EGHGB	Regelungen zum Ausweis von aus der Anwendung der Art. 66, 67 Abs. 1-5 EGHGB resultierenden Aufwendungen und Erträgen
Art. 67 Abs. 8 EGHGB	Erleichterungen für die erstmalige Anwendung der durch das BilMoG geänderten Vorschriften

TABELLE 10: ÜBERSICHT ÜBER DIE EINZELNEN ÜBERGANGSVORSCHRIFTEN ZUM BILMOG[111]

---

[111] Tabelle entnommen aus Zwirner/Künkele in DB Heft 21, S. 1.082.

6. ENTWICKLUNG DES BILMOGS ZUM THEMA LATENTE STEUERN

Thema	HGB a.F.	RefE	RegE	HGB n.F.
Ansatz				
Bilanzorientiertes Konzept	-	+	+	+
Aktivierungswahlrecht	+	-	-	+
Latente Steuern für Verlustvorträge	-	+ (unbefristet)	+ (5 Jahre)	+ (5 Jahre)
Bewertung				
Bewertung latenter Steuern	nicht explizit	+	+	+
Ausweis				
Eigene Posten in Bilanz				
Aktiv	+	+	+	+
Passiv	-	-	+	+
Eigener Posten in GuV	-	-	+	+
Wahlweise Saldierung latenter Steuern im Einzelabschluss	+	-	-	+
Wahlweise Zusammenfassung latenter Steuern	-	+	+	+
Anhangsangaben	-	+ (unklar)	+ (in § 274 HGB)	+ (in § 285 HGB)
Anhangsangabe steuerliche Überleitungsrechnung	-	Wahlrecht	Pflicht	Pflicht (unklar)

TABELLE 11: ENTWICKLUNG DES BILMOG ZUM THEMA LATENTE STEUERN[112]

---

[112] Vgl. Loitz in DB Heft 18 S. 913.

7. FORMBLATT ZUR BERECHNUNG LATENTER STEUERN

Mandant: _____

Wirtschaftsjahr: _____

Bilanzposten	Ansatz Handelsbilanz €	Ansatz Steuerbilanz €	Differenz €	Art[113]	Auswirkung Eigenkapital HaBi	latente Steuer €	aktiv/ passiv

TABELLE 12: ERFASSUNGSBOGEN FÜR LATENTE STEUERN

---

[113] V↑ = Mehrvermögen, V↓ = Mindervermögen, S↑ Mehrschulden, S↓ Minderschulden.

8. ERLÄUTERUNG DER EPK-DARSTELLUNGEN

Die Ereignisgesteuerte Prozesskette (EPK) ist ein Modell zur Darstellung von Geschäftsprozessen.

Sie wurde 1992 von einer Arbeitsgruppe unter Leitung von Prof. August-Wilhelm Scheer an der Universität des Saarlandes in Saarbrücken im Rahmen eines Forschungsprojektes mit der SAP AG zur semiformalen Beschreibung von Geschäftsprozessen entwickelt.

EPK stellen Arbeitsprozesse in einer semiformalen Modellierungssprache grafisch dar. Dadurch sollen betriebliche Vorgänge systematisiert und parallelisiert werden, um Zeit und Geld einsparen zu können. Dazu werden Objekte in gerichteten Graphen mit Verknüpfungslinien und -pfeilen in einer 1:1-Zuordnung verbunden (Ausnahme bei logischen Verknüpfungen). In einer solchen Verknüpfungskette wechseln die Objekte sich in ihrer Bedeutung zwischen Ereignis und Funktion ab. Jede Funktion kann zusätzlich mit einem Informationsobjekt (z.B. ausführende Person) verbunden werden, aus dem Informationen geladen oder in das Informationen gespeichert werden.

Objekte:

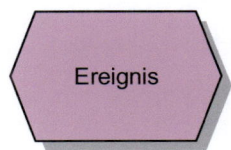

Passives Objekt = Ereignisse sind Auslöser von Funktionen und deren Ergebnis. Sie repräsentieren den eingetretenen betriebswirtschaftlichen Zustand.

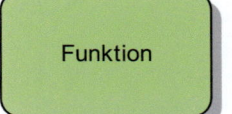

Aktives Objekt = Funktionen transformieren Input- in Outputdaten

Sie können von bestimmten Personen (siehe Personentyp) ausgeführt werden.

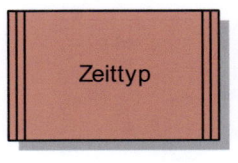

Personentyp ist eine Eigenschaft einer Funktion.

Sie stellt die ausführende Person einer Funktion dar.

Zeittyp ist eine Eigenschaft einer Funktion.

Sie stellt die zeitliche Anwendung der Funktion dar.

Verknüpfungen:

Die beiden Grundobjekte Ereignis und Funktion werden über Verknüpfungen direkt oder über folgende Verknüpfungsoperatoren verbunden. Durch die Zuordnung von Ereignissen zu Funktionen, die wiederum ein oder mehrere Ereignisse erzeugen, entsteht ein zusammenhängender Ablauf.

 Ein **Und-Connector** (AND) stellt eine konjunktive Verknüpfung dar. Die Gesamtaussage ist wahr, wenn alle Aussagen gleichzeitig wahr sind.

 Ein **Und/Oder-Connector** (OR) stellt eine adjunktive Verknüpfung dar. Die Gesamtaussage ist wahr, wenn *mindestens* eine Aussage wahr ist. Also auch wenn alle wahr sind. Er entspricht dem logischen ODER.

 Ein **Entweder/Oder-Connector** (XOR) stellt eine disjunktive Verknüpfung dar. Die Gesamtaussage ist dann wahr, wenn eine Aussage wahr ist, aber nicht alle. Die Aussagen schließen sich gegenseitig aus.

Operator / Art	XOR entweder/oder	AND und	OR und/oder
Auslösende Ereignisse	E E → X → F	E E → ∧ → F	E E → ∨ → F
Erzeugte Ereignisse	F → X → E E	F → ∧ → E E	F → ∨ → E E

ABBILDUNG 9: VERKNÜPFUNGEN IN EINER EPK

Diplom-Betriebswirt (FH)

Master of Arts (m.a.)

Sven Braun

Steuerberater

Sven Braun absolvierte sein erstes Betriebswirtschaft-Studium an der Hochschule für Technik und Wirtschaft des Saarlandes (**HTW**dS) in Saarbrücken mit der Fachrichtung Rechnungs- und Prüfungswesen. Als Diplom-Betriebswirt (FH) sammelte er weitere praktische Erfahrung in einer mittelständigen Wirtschaftsprüfungs- und Steuerberatungsgesellschaft. Im März 2006 wurde er zum jüngsten Steuerberater des Saarlandes bestellt.

Bereits 2003 trat er in die Kanzlei seines Vaters **Olaf Braun, vereidigter Buchprüfer, Steuerberater (_www.steuerberater-braun.de_)** ein. Sein Berufsradius beschränkt sich damit nicht nur auf das Saarland. Die "Merkura Steuerberatungsgesellschaft mbH" ist auch in **Kamenz** in der Nähe von Dresden (Sachsen) tätig.

Doch damit endet sein berufliches Engagement keineswegs:
So hält für die VHS Völklingen **Vorträge** über steuerliche und betriebswirtschaftliche Themen.
In seiner Freizeit hat er bereits drei verschiedene **Bücher** für den Gabler-Verlag geschrieben.

Die Buch-Themen könnten unterschiedlicher nicht sein
(*www.steuerberater-braun.de/buecher.htm*):

1. "Kraftfahrzeuge im Ertrag- und Umsatzsteuerrecht - Von der Anschaffung bis zur Veräußerung" von
- Daniel Albert und **Sven Braun**,

2. "Keine Panik vor der Steuerberaterprüfung - Wie Sie das Steuerberaterexamen zielsicher bestehen" *www.pruefung-bestehen.de* von
- Christiane Stenger (mehrfache Juniorengedächtnisweltmeisterin),
- Jonas Ritter (Schnelllese-Experte) und
- **Sven Braun**, jüngster Steuerberater des Saarlandes
sowie

3. "Steuerrecht und betriebliche Steuerlehre für Bilanzbuchhalter" von
- **Sven Braun**
- Birgitta Dennerlein,
- Manfred Wünsche.

Weil das noch nicht genug Auslastung ist, absolvierte er 2008 bis 2009 jeweils Donnerstags bis Samstags erfolgreich in Osnabrück bzw. Münster sein Zweitstudiengang zum "Master of Auditing, Finance and Taxation. Diese Master-Thesis ist im Rahmen dieses Studiums entstanden.

Schließlich arbeitet er für die Internetplattform Ohrenmenschen.de, wo mp3-Dateien zum Lernen downgeloadet werden können.

Weitere Informationen finden Sie auf der übersichtlich gestalteten Homepage

www.steuerberater-braun.de